POETRY

can you feel it

sophie charlotte

ANTHEA
VERLAG

Impressum

© 2021 by ANTHEA VERLAG
Hubertusstraße 14, 10365 Berlin
Tel.: (030) 993 9316 Fax.: (030) 994 01888
eMail: info@anthea-verlag.de
Verlagsleitung: Margarita Stein

www.anthea-verlag.de

Ein Verlag in der ANTHEA VERLAGSGRUPPE.
www.anthea-verlagsgruppe.de

Bildnachweis: Sophie-Charlotte Schilberz

ISBN 978-3-89998-374-6

content

for everyone who gets lost in their mind
sometimes.

KAPITEL I

LIEBE ?

love

falling in love
was never my intention
i was just craving
someone's attention
but oh boy i fell
deep down the rabbit hole
but unlike alice
i'm not going to wonderland
i'm just pacing towards my end

so what
if your lips are the nail in my coffin
which i don't remember too often
so what
if your touch is slowly tightening the
noose
which i'll always try to excuse
so what
if your proximity smothers me while sleep-
ing
which probably should have me weeping

so what
i don't seem to have any self-preservation
drive
as i've been living on the edge, all my
life

but you know that, right?
have heard my crying late at night?
yet you just don't want to know
would much rather take it slow
but i'm falling
oh boy i'm falling
and i just don't know
how to take things slow.

moving on

i am finally moving on
you are long gone
a year ago, the wound was still fresh
so fresh, i still smelt burning flesh
yet i did what i always do
running away from you
drowning my sorrows in liquor
while the clump in my chest became thicker
and thicker
trying to find the cure in someone else's
arms
making someone else fall for my charms

i am finally moving on
i quit being the hurt one
because fool me once
the shame's on you
fool me twice
the shame's on me, too
and you fooled me a thousand times
and i finally realise
not everything is gold that shines

i am finally moving on
yet sometimes i can't breathe
when i remember you might leave

liebe

liebe kommt in vielen formen
und hält sich meist auch an gesellschaft-
liche normen
aber meistens heißt bekanntlich nicht im-
mer
das macht das ganze für einen kleinen teil
dann leider schlimmer
denn minderheiten haben's selten leicht
und klar, es wurde schon viel erreicht
doch viel ist einfach nicht genug
denn den meisten fehlt immer noch der mut
zu zeigen, dass sie anders sind
als unsere heteronormative gesellschaft es
immer annimmt
aus angst ausgeschlossen zu werden
aus den konservativen herden
bleiben viele lange stumm
doch innerlich bringt die dissonanz sie um
so zu tun als ob geht auch nur bedingt gut
doch alles andere erfordert leider eine
ganze menge mut
und man kann's auch keinem zum vorwurf
machen
diesen schritt im endeffekt doch zu lassen
denn unsere gesellschaft liebt es zu kate-
gorisieren
und hasst dich, falls sie es nicht schafft
dich zu katalogisieren
denn das westliche weltbild sieht sich
zwar selbst als fortschrittlich
aber akzeptiert andersartigkeit nicht

lesben findest du in pornos toll
und wenn sich zwei in der öffentlichkeit
küssen reizt dich das voll
schwule hingegen jagen dir angst ein
sei unbesorgt, die finden deine homophobie
sicher nicht geil
bisexualität ist ja nur eine phase
aber nice, die wollen bestimmt dreier ha-
ben!
transsexuelle menschen ekeln dich an
„igitt, das war ja mal ein mann?"
im falschen körper geboren sein?
kind, das bildest du dir nur ein
queer, pansexuell und asexuell sind ja eh
nur modeerscheinungen
und jetzt fordern die auch noch rechte und
akzeptanz von uns?

vielleicht ist dir das gar nicht bewusst
weil du nicht mit den kommentaren und vor-
urteilen leben musst
aber diskriminierung endet nicht mit der
ehe für alle
denn im aller häufigsten falle
wird „schwul" doch als beleidigung benutzt
und mit dem wort „kampflesbe" wurde schon
so mancher ruf beschmutzt
denn alles fremde macht dir angst
wie auch die flüchtlinge im land
aber das ist einfach nur bullshit

denn nur weil jemand anders ist, tut er
dir doch nichts
dein hass hingegen, der bewegt viel
viel zu oft ist es der endpfiff in einem
spiel
die suizidrate ist bei homosexuellen drei
mal so hoch wie
im durchschnitt
und auch drogenmissbrauch ist für viele
ein notwendiger schritt
denn viele spüren jeden tag
dass sie anscheinend niemand mag
und wenn in der schule die ehe für alle
ein „interessantes" diskussionsthema war
saßen sie einfach nur stumm da
denn was sollst du auch schon groß machen
wenn du merkst, dass deine klassenkamera-
den deine existenz hassen?

übertrag die diskussion auf das gesamte
leben
und dann weißt du, weshalb viele von uns
noch immer in ständiger angst leben
und wenn du jetzt noch immer nicht verste-
hen kannst
warum „der schwule" immer noch nach
gleichheit verlangt
dann bist du schlichtweg ignorant.

rotwein supernova

und wieder sitzen wir hier
jeder hatte schon ein, zwei bier
die kleine küche mit der bilderwand
die gespräche sind locker und entspannt
der wein hat unsere wangen gerötet
und jegliche anfängliche zurückhaltung
getötet

ich kann dir nicht mal sagen wieso
aber ich mag dich so
kennen uns doch erst seit tagen
aber ich hab das gefühl, ich kann dir al-
les sagen

zum ersten mal seit langem fühl ich mich
geborgen
denn bei dir vergesse ich all meine sorgen
und obwohl's natürlich wieder etwas kom-
plizierter sein muss
für dich nehm ich auch gern den letzten
bus
und für dich bleib ich auch gern bis 4 uhr
wach
der nächste tag ist im vergleich eh eher
flach

denn dich zu sehen
danach will ich mich nicht dauernd sehnen
will in deinen armen liegen
und dich so verliebt ansehen, unfähig et-
was anderes mitzukriegen

deine arme schützen mich vor dem rest der
welt
und deine hand ist mein anker der mich
festhält

all meine sorgen scheinen so fern
wenn du sagst, du hast mich gern
und du lächelst mich an
und die zeit hält kurz an

es gibt für einen moment nur dich und mich
und mehr brauch ich auch nicht.

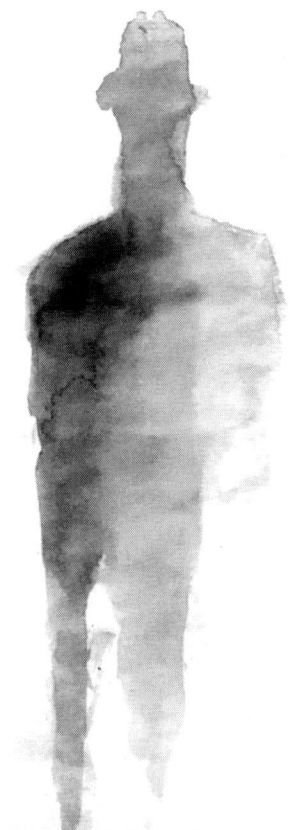

rückblick

und wenn ich so zurückblicke
vermiss ich viele kleine dinge

doch am meisten fehlt mir deine nähe
dein lächeln wenn ich mich morgens umdrehe
oder auch nur deine hand, die meine im
schlaf hält
deine hand, die mir über den kopf streicht
und den alltag pausiert, für kurze zeit
mein 1.40 bett, unsere kleine welt
denn dort hatten unsere sorgen keinen
platz
und ich denke noch immer an deinen letzten
satz
den du mir abends immer ins ohr geflüstert
hast
und auch jetzt spüre ich sie fast
deine präsenz, die wärme deiner arme
und das ganze lässt mich zusammenzucken so
wie dein name
wenn er mal zufällig fällt
und für einen moment die erde anhält

dann schwelge ich in erinnerungen
doch im endeffekt kommt dabei ja auch
nichts rum
denn ich vermisse nicht dich
sondern ich vermisse dein altes ich

und wenn ich so zufällig an dich denke
und mich nicht schnell genug ablenke
dann merke ich
du fehlst mir nicht

sondern mir fehlt das, was du für mich
warst
mein halt an jedem stürmischen tag
und wenn mich nun jemand festhält
bist du am anderen ende der welt

und klar kein problem für mich
denn ich vermiss dich nicht.

by louisa, my twinflame

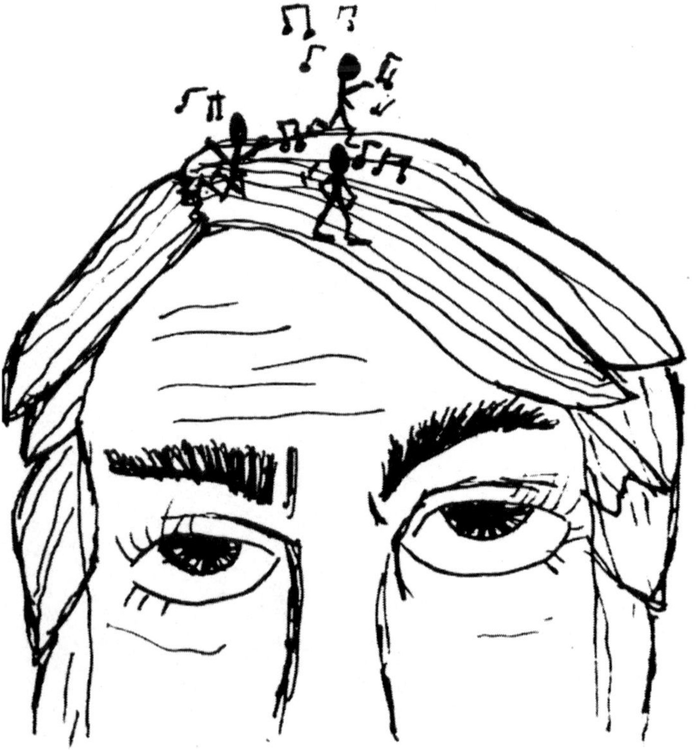

3:07 pm

it's 3:07 pm
and i miss you
i don't even know why i think about you
it's not like you think about me

it's 3:07 pm again
just one year later
and you miss me, i know you do
but i don't think about you anymore
while you are staring at your door
trying to remember whether i turned around
before i left you
and trying to picture my smile
desperate to hold onto it for a while

and it is 3:07 pm
and the world is taking its course
when it suddenly stops
for just one second
as two past lovers are lost in their
thoughts
one filled with regrets
one filled with hope
and both their thoughts are quite alike
they just include
different stages of grief.

bedeutungslos

bedeutungslos, nichtssagend und unwichtig
diese worten klingen einfach nicht richtig
im bezug auf die schönste nebensache der
welt
aber was tun, wenn man sonst viel aufei-
nander hält?
wenn man weiß, dass die freundschaft viel
wichtiger ist
und ich eigentlich auf der suche bin nach
dem was du nicht bist
dann hat man einfach keine wahl
man nennt es bedeutungslos und erspart
einander die qual

denn alles ist gut
solang dieses spiel von zwei gespielt
wird, so ganz akut
beide mit der gleichen einstellung
situationsbedingt, sex ohne grund
aber reicht das einem von beiden nicht aus
stürzt es ein, das kartenhaus
können es drehen und wenden wie wir wollen
es hat dann wohl nicht sein sollen
denn nur um einsamkeit zu meiden
such ich nach liebe durch körperlichkeiten
auch wenn ich weiß, dass das nichts bringt
und es schon wieder ziemlich pathetisch
klingt
deswegen würd ich's auch nie zugeben
denn ich werd mich wohl immer für diese
seite an mir schämen

dann hat man einfach keine wahl
man nennt es bedeutungslos und erspart
einander die qual

und wieder wach ich morgens auf
in einem mir komplett fremden haus
der geruch von alkohol umgibt mich
und neben mir, da seh ich dann doch nicht
dich
sondern irgendjemand
den ich letzte nacht als würdigen ersatz
für dich befand

doch kaum wach ich auf
will ich hier raus
denn das ist doch nicht das, was ich will
mein herz schmerzt, doch ich bleibe still
kann's auch nicht erklären dieses gefühl
diese innere leere die ich versuche zu
füllen
sex, drugs & rock n roll ließen mich alle
nur noch niedergeschlagener zurück
auf der suche nach meinem glück
aber das will ich dir alles gar nicht sa-
gen
dich nicht mit meinen gefühlen plagen
dann hab ich jetzt einfach keine wahl
ich nenn es bedeutungslos und erspar uns
die qual.

untitled II

auch wenn ich's nicht zugeben mag
du fehlst mir
jeden gottverdammten tag
und ich weiß nicht
wie das weitergehen soll
das fass ist längst voll
und jeder tropfen auf dem heißen stein
jedes neue "ich lieb dich nicht, nein"
ist ein stich ins herz
was doch eh schon so schmerzt
und ich komm nicht klar
aber hey, wenigstens bin ich noch da

und dauernd fühl ich mich alleine
auch wenn ich nur noch selten nachts weine
aber da draußen, da ist niemand der mich
versteht
der denselben weg geht
sie sagen, ich wirke nicht wie 19
verdammt, ich hab schon zu viel gesehen
bin durch die hölle und zurück
auf der suche nach meinem glück

denn auch ich will doch nur mein märchen
so wie jedes andere mädchen
aber einsamkeit die steht mir gut
und ich trau mich nicht was zu sagen, mir
fehlt der mut
weiß nicht weiter, stecke fest
immer in der angst, dass man mich fallen
lässt

denn alleine sein verängstigt mich
und deswegen klammer ich mich so an dich
will dir nicht die luft zum atmen nehmen
aber werd mich wohl für immer nach nähe
sehnen
und suche nach einem grund zu leben
anstatt mir zu wünschen ich könnte aufge-
ben

verletzlichkeit

und ich hab dich gesehen
und konnte endlich verstehen
weshalb wir stürme nach menschen benennen
und warum wir es blind vor liebe nennen
denn du siehst mich an
und ich kann
an nichts anderes mehr denken
will dir mein ganzes herz schenken
aber bitte zerbrich es nicht
und bitte verlass mich nicht
denn diese selbstgebauten mauern einzurei-
ßen fällt mir schwer
und es geht langsam, tag für tag einen
stein mehr
doch manchmal halte ich inne
und versuch zu sehen wohin ich blind renne
immer noch auf der hut
aber merke doch, du tust mir gut
trotzdem weiß ich nicht wie ich es sagen
soll
oder dich nach hilfe fragen soll
denn ich kann dich nicht an mich ranlassen
aus angst, du könntest merken, dass wir
doch nicht zueinander passen
doch irgendwo tief in mir drin
weiß ich, dass ich bei dir sicher bin
und durch dieses vertrauen hab ich es end-
lich erkannt
und die einsamkeit aus meinem leben ver-
bannt.

wertlos

für dich bin ich anscheinend ganz ohne
wert
und nie hab ich mich zuvor darüber be-
schwert
nicht, dass ich dir nicht nur nicht genug
war
und du mich wegwarfst als sich eine neue
chance ergab
auch unsere freundschaft kann dir nicht so
wichtig gewesen sein
denn du ließt mich wieder mal allein

nach einem jahr freundschaft tut es schon
weh
wenn ich dich jetzt zufälligerweise mal
seh
und wenn wir kurz reden, zwanghaft unbe-
fangen
und beide wissen, es fühlt sich falsch an
denn ich hab dich so verletzlich gesehen
und so oft in deinen armen gelegen
kenne deine tattoos in und auswendig
aber dich kannte ich anscheinend nicht
oder wie sonst kann es sein
dass du so anders bist als du scheinst
denn ich dachte immer du wärst zu gut
das, was man eben so tut
wenn man eine person von ganzem herzen
schätzt
aber diesmal hab ich mich wohl verschätzt.

und ich wünschte ich könnte dich verstehen
oder einfach noch einmal mit dir reden
aber dein kindlicher trotz steht uns im
weg
deine abweisende art blockiert den steg
welcher zwischen unseren sich widerspre-
chenden ansichten liegt
glaubst du ehrlich ich hätte mich absicht-
lich verliebt?
und überhaupt hast du gar kein recht dich
zu beschweren
es war deine entscheidung das zwischen uns
zu beenden
und überhaupt war es doch nur körperlich
aber trotzdem zerbricht deine abwesenheit
mich
und überhaupt bin ich nicht dein eigentum
aber diese stille zwischen uns bringt mich
innerlich um.

haare

und manchmal wach ich auf
und vermisse meine langen haare
vermisse deine hand, die durch sie fährt
vermisse mein altes ich, jung und unbe-
schwert
aber dann fällt mir auf
dass ich meine haare aktuell auch ganz
gerne mag
so einfach zu bändigen, tag für tag
nicht unbedingt auffällig
aber das will ich ja aktuell auch nicht

doch im nächsten moment schreit mein herz,
dass ich wieder alles radikal abschneiden
soll
„reiß die mauern ein, mach alles neu"
aber veränderungen sind so schwer
und die letzten sind noch nicht allzu lan-
ge her

und dann sitze ich still da
und sehe es ganz klar
ich weiß ich wieder nicht wer ich bin und
was ich will
und alles verschwimmt und dreht sich und
reißt mich mit
denn ich hab mich im letzten jahr immer
weiter von mir selbst entfernt
aber eins hab ich draus gelernt
alles verläuft in phasen
und man kann eh nichts planen

aber meine haare sind so viel mehr als nur
haare
stehen für all die schweren tage
die längen und die tiefen mit paar hellen
strähnen drin
und vielleicht macht das für dich keinen
sinn
aber der erste radikale schnitt
war mein allererster schritt
auf dem weg zu mir
endlich frei von dir.

sommerregen

denn du hast diesen sommer besonders ge-
macht
hast mich ach so oft zum lachen gebracht
denn auch wenn ich anfangs etwas schüch-
tern war
bist du heute immer noch da
und deine musik fühlt sich wie sonnen-
strahlen auf meiner haut an
und deine küsse wandern meinen hals ent-
lang
ich erschaudere wie im sommerregen
und hoffe, dieses kribbeln auf der haut
wird sich nie legen

denn mit dir fühl ich mich so leicht und
unbeschwert
doch bist du nicht hier, bricht es mein
herz
dem abschied kann ich nicht entgegenbli-
cken
diesen brief konnte ich schon damals nicht
abschicken
denn für das was ich fühle kenne ich keine
worte
und ich flüchte täglich an einsame orte
in der hoffnung, den lärm der welt mit
stille zu übertünchen
und mir ein leben mit dir gemeinsam zu
wünschen

samstag, 10 uhr

seit gestern nehm ich medikamente
in der hoffnung, dass sich alles wendet
doch kein medikament ist so effektiv wie
deine nähe
nach der ich mich permanent sehne
und kein medikament macht so süchtig wie
dein lachen
um das zu sehen würde ich alles machen
denn bei dir kann ich ich sein
und auch mal kindisch sein
denn wenn du mich anguckst ist dein blick
voller liebe
und ich frage mich noch immer womit ich
dich verdiene
du bist der beste mensch den ich kennenge-
lernt habe
und auch wenn ich es schon so oft sage
ich liebe dich so sehr
ohne dich fühle ich mich irgendwie leer
du machst mich glücklicher als ich je zu-
vor war
und ich hoffe, das hier ist erst das erste
jahr

(von vielen)

salsa

denn wir tanzen salsa
und ehrlich gesagt versteh ich den tanz
nicht
du schiebst mich weg und ziehst mich ran
mal willst du nähe, mal willst du distanz
und dieses hin und her, das macht mich
verrückt
lässt mich stolpern, falle in alte muster
zurück
und ich weiß doch auch nicht was ich will
denn wenn du mich nach gefühlen fragst
bleib ich still
denn was soll ich auch groß sagen
versteh ja noch nicht mal die intention
deiner fragen
denn salsa tanzen wir auch mit worten
und ich finde nie die von den richtigen
sorten
um dir zu sagen, dass ich deine schritte
nicht verstehe
und ich mich eigentlich nach engtanz sehne
ganz ohne vorgegebene schritte, ganz ohne plan
anstatt der rhythmischen distanz
denn du bist mir physisch so nah
aber trotzdem bist du doch nicht da
denn du hältst mich im arm
aber du hältst mich nicht warm
und salsa tanzen überfordert mich
ich klammer mich verzweifelt an dich
und du schiebst mich weg
lässt meine hand los und drehst dich
und ich verhedder mich

in diesem konstrukt aus nähe und distanz
aus zuneigung und angst
angst, verletzt zu werden
von dem einzigen menschen auf erden
der mir aktuell so viel bedeutet
und das habe ich auch schon angedeutet
aber so subtil
und betrunken, ohne stil
sodass du es nicht so ernst genommen hast
es dir letztendlich einfach machst
und es verschweigst

und wenn du wieder salsa tanzt
die schritte sogar im schlaf schon kannst
dann lässt du mich kurz los, fängst mich
auf
mein atem stoppt, bin im rausch
deine nähe ist wie gift für mich
doch deine abwesenheit, die verletzt mich

und wieder fragst du ob ich nichts sagen
will
hase, ich weiß nicht was ich sagen soll

mein kopf so leer
mein herz so voll

doch verstehen wird das wieder niemand
solange ich mich nicht selbst verstehen
kann
also tanze ich weiter salsa mit dir

aber letztendlich bin ich doch allein mit
mir.

vermissen

wie kann man jemand so krass vermissen?
hat schon juju gefragt
und ich denk an dich
jeden gottverdammten tag
eigentlich mindestens einmal die stunde
ach, wem mach ich was vor
eigentlich jede sekunde

denn du und ich
das hat einfach gepasst
und ich liebe dich
auch wenn ich nicht mehr weiß, wie es ge-
nau angefangen hat
denn die tage mit dir scheinen unendlich
und alles verschwimmt, ich erkenne nichts

aber gleichzeitig ist die zeit mit dir
doch viel zu kurz
hab eine hass- liebe für jeden abschieds-
kuss
denn deine küsse vertreiben diesen dumpfen
schmerz
und deine nähe heilt mein angeknackstes
herz
denn obwohl mich in der vergangenheit
zwischenmenschliche beziehungen meist eher
verletzt haben
mit dir fühlt sich alles richtig an
so, als wäre ich endlich angekommen.

doch jetzt bist du nicht hier
bist wieder nicht bei mir
und diese gefühl
ist alles-verzehrend
herzschmerz beginnt mich zu quälen
denn ohne dich scheint die zeit still zu
stehen
mit dir auch
aber auf eine andere art und weise
denn mit dir ist die hölle in mir drin
endlich leise
und ohne dich wird es langsam wieder laut
und nachts habe ich wieder angstschweiß
auf der haut

weiß nicht wie du es geschafft hast
mich von dir abhängig gemacht hast
denn von allen drogen die ich bisher ge-
nommen hab
hast du das höchste suchtpotenzial gehabt
und ohne dich zu sein
ist kalter entzug
und von dir geliebt zu sein
ist trotzdem so gut.

keine liebe

weiß bis heute nicht wieso
aber bin keine liebe gewohnt
jedenfalls nicht im herkömmlichen sinn
wusste lange nicht wohin
und deswegen hänge ich so an jedem
von dem ich denke, er könnte mir etwas
liebe geben
klammere mich wie an meinen rettenden halm
meine einzige orientierung dein zigaret-
tenqualm
trotzdem stolpere ich planlos umher
treibe wie auf dem offenen meer
und suche nur nach jemandem der bleibt
der alles mit mir teilt
die guten und die schlechten zeiten
mich liebt, auch meine schwierigen seiten
denn ich selbst schaffe das doch nicht
und wie so oft hasse ich mich
und ich kann's kaum in worte fassen
diese enge in meiner brust
dieses panische ringen nach luft
so als würde ich untergehen
und nie wieder hoffnung sehen
dieses beklemmende gefühl
wenn ich mich in den geruch von techno
hüll

denn du verstehst mich nicht
verdammt, ich versteh mich nicht
weiß nicht mal wie's mir geht
wie's um meine gefühlswelt steht
denn ich will alleine sein
aber fürchte die einsamkeit
und will nichts mehr als geliebt zu werden
und nichts verschreckt mich mehr als ge-
liebt zu werden
denn du sollst dir keine sorgen machen
und selbst am boden kann ich noch lachen
denn alles in ordnung, ich lieb dich so
nichts ist in ordnung, bitte lass mich
los.

I am so sorry. I miss you.

Read 6:15 PM

1315

lass uns ehrlich sein
wir wollten nie "nur freunde" sein
da gab es immer diesen funken zwischen uns
du bist anders als die anderen jungs
doch was ist dann passiert?
dreh die zeit zurück - will nicht, dass
man sich verliert
aber wir können es drehen wie wir wollen
das mit uns hat nicht sein sollen

und trotzdem denk ich immerzu an dich
und frag mich "denkt er wohl auch an
mich?"
denn immer wenn ich dieses eine lied höre
oder deine silhouette in der menge spüre
dein lachen in der ferne erahne
oder dein parfüm in der nase habe
dann bricht es mein herz
und das ist ein ganz neuer schmerz
denn auch freunde können dein herz brechen
indem man aufhört miteinander zu sprechen.

einsamkeit / zweisamkeit

denn alleine sein heißt nicht unbedingt
einsamkeit
aber zusammen sein heißt auch nicht nicht
einsam sein
denn einsamkeit geht von innen heraus
und zweisamkeit ist ein kartenhaus
eine wende des winds, eine zu starke böe
und das dach fliegt in die höhe
und das fundament war eh nie das stabilste
in einer generation von swipe-generierter
liebe
denn die auswahl ist überwältigend
und echte emotionen sind sowieso eher sel-
ten
wir nehmen was wir kriegen können
ohne echte liebe oder vertrauen zu können
und wenn ich dann falle
dann fängt mich niemand auf
und wenn ich dann aufschlage
dann helfe ich mir selbst wieder auf
und dennoch mag ich nicht mehr alleine
sein
denn mein alleinsein ist oft einsamkeit
und irgendwo da draußen ist bestimmt je-
mand
mit dem ich mein leben teilen kann
das gute und das schlechte
und vor allem nur das echte.

nacht

nachts lieg ich oftmals wach
und denke an jene eine nacht
die nacht, die alles verändert hat
die nacht, in der ich mich verliebt hab

diese nacht scheint mir schon so lange her
und die meisten nächte bleibt mein bett
weiterhin leer
so wie auch diese nacht
oder letzte und vorletzte nacht
und dauernd lieg ich wach
und denke an diese eine nacht

der nachtspeicher neben meinem bett kann
deine wärme nicht ersetzen
und nachts kann mich diese stille so ver-
letzen
denn tagsüber, da ist alles okay
okay, dass ich dich tagelang nicht seh
doch nachts bricht es über mich ein
dieses nächtliche alleine sein

will doch nur, dass du bei mir bist
und diese nacht nicht mehr so einsam ist
denn jede nacht alleine scheint nie vor-
beizugehen
und jede nacht mit dir scheint wie im flug
zu vergehen
und ich wünschte, die zeit mit dir würde
kein ende nehmen.

braun

du hast mich mal gefragt, was meine lieb-
lingsfarbe ist
und du hast es sofort vergessen, weil du
so bist
aber das ist gar nicht schlimm
weil meine damalige antwort nicht mehr
stimmt
denn meine neue lieblingsfarbe
ist die farbe deiner haare
durch die ich mit meinen fingern fahre
deine augen haben die gleiche farbe
und ich liebe nichts mehr
und ohne dich wird alles in mir kalt und
leer
mich wärmt dieses wunderschöne braun dei-
ner augen
und ich kann es immer noch nicht glauben
doch du gehörst mir
und ich dir.

traum

und wenn ich aufwache
und im halbschlaf nach deiner hand fasse
kann ich dich nicht greifen
und es trifft mich wie ein schlag
du bist zwar immer da
aber nie hier

was mir bleibt
ist nur die erinnerung
an wunderschöne tage und nächte mit dir
gott, ich wünschte du wärst jetzt hier
denn deine nähe scheint mich zu heilen
und diese distanz scheint mich erneut zu
brechen
du sagst immer, du liebst mich viel zu
doll
und mir geht's genau so

kann es nicht mal in worte fassen
was deine nähe mit mir macht
wie ich mich fühle
wenn ich deinen atem auf meiner haut spüre
wie du diese tiefe alles verschlingende
leere in mir mit deiner liebe füllst
wie du das hoffnungslose schwarz meines
herzens mit deinen leuchtend grün-braunen
blicken übertünchst

ich wusste es nicht

wusste nicht, dass ich verloren bin
bis du mich gefunden hast
wusste nicht, wie schnell mein herz schla-
gen kann
bis du mich geküsst hast
wusste nicht, wie nah man sich jemandem
fühlen kann
bis du mich angesehen hast
wusste nicht, wie sehr ich lieben kann
bis du gelacht hast

ich wusste nicht, dass liebe alles verän-
dern kann
bis du es mir gezeigt hast.

facetime

ich rufe dich an
und du gehst ran
und für einen kurzen augenblick
dreht sich die zeit zurück
ich liege wieder in deinen armen
und für einen kurzen warmen
augenblick
drehen wir die zeit zurück
doch dann trifft es mich
ich sehe dich
aber fühl dich nicht
und du bist so weit weg und doch so nah

du fehlst mir.

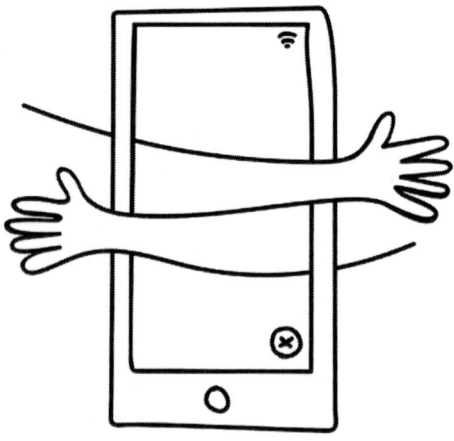

sprache

dachte so lang niemand spricht meine spra-
che
denn niemand verstand je meine worte
habe mich mit händen und füßen durchge-
schlagen
und fühlte mich trotzdem als würde ich
versagen
denn sie sagten, meine worte machten kei-
nen sinn
und ließen mich zweifeln, ob ich genug bin
doch das könnte ich nicht sagen
denn niemand sprach meine sprache
oder gab sich mühe sie zu lernen
und irgendwann hatte ich aufgegeben, mich
zu erklären.

doch du verstehst alle meine worte
und ich will mit dir an all die orte
an die ich mich alleine nie trauen würde
denn mit dir nehm ich endlich jede hürde
und ich fühl mich dir so unglaublich nah
weil du siehst was bisher noch keiner sah
weil du mich ansiehst wie es noch keiner
tat
und bei dir glaub ich endlich, all deine
worte seien wahr
doch selbst wenn es lügen wären
ich kann sie nicht oft genug hören
denn durch die werd ich eine bessere ver-
sion von mir selbst
und das ist doch letztendlich alles was
zählt.

ich liebe dich mehr

denn wenn ich sag ich lieb dich mehr
dann mein ich, ich lieb dich so sehr
mehr als ich je für möglich gehalten habe
denn du machst meine tage
auf einmal bunt und wunderschön
kann kaum erwarten dich wiederzusehen
ohne dich ist alles grau, schwarz und weiß
und ich weiß
ich liebe dich

denn ich liebe einfach alles an dir
denn das macht dich ja zu dir
deine wunderschönen augen
deine braunen haare
deinen körper
die wärme deiner arme
die art wie du mich anlächelst
und ich könnte noch 100 dinge aufzählen
die ich an dir mag
und hätte trotzdem
noch überhaupt gar nix gesagt

für dich schmeiß ich prinzipien über bord
denn ich liebe dich mehr
mehr als alles andere

KAPITEL II

DER GANZE REST

adolescence

growing up is a mess
at least that's what they always said
and it makes me wonder
whether i just need to wander
or whether i should try to find some aspi-
ration
in a world that's full of determination
and i try
but it makes me cry

dear me
i am sorry for hurting you
i am sorry for hating you
now i see
that all i gotta do
is finally accepting you
and all the flaws and all the scars
in the end they make us who we are
and honey you've come so far
don't let go, you've only got one chance

i just turned 19
and sometimes i'm not sure whether i wanna
live
it's not that i'm not keen
it's just that i'm about to go off the
cliff

growing up is a trap
don't let them fool you
you'll have to deal with all sorts of crap
just in order to make it through
and i keep telling myself
to keep going
i don't need any help

but deep down
i know
there's nothing i need more
than help
nothing i need more
than someone saying "you're enough"

A   n   g e k o m m e n

angekommen

und auch
wenn's schnulzig und überzogen klingt
und dich
vermutlich zum lachen bringt
mein tapetenwechsel hat mich gerettet
und deine nähe hat mich immer nur zer-
schmettert

und jetzt bin ich endlich raus
neue leute, neues haus
doch kaum bin ich mit mir allein
bricht alles wieder über mir ein
dieselben gedanken, dieselben emotionen
dabei hab ich mich doch so gut selbst be-
logen
mit der hoffnung, dass sich jetzt alles
ändert
doch außer den farben meiner narben hat
sich nie was geändert
und heute sitz ich am fenster
alleine, silhouetten erscheinen wie ge-
spenster
und lausche den geräuschen der großstadt
und bin froh, dass sich alles zum guten
gewendet hat

kippe in der küche

würde man das ganze von außen betrachten
könnte man es bestimmt als melancholisch
erachten
tausend male war ich schon hier
manchmal zum frühstück, manchmal mit bier
doch der kontext ist diesmal nicht der
gleiche
vielleicht ist das der grund dafür
dass ich deinen blicken ausweiche
denn manche dinge verändern eine beziehung
und rückblickend war es wahrscheinlich
ziemlich dumm

doch jetzt ist es 3 uhr am morgen
und ich bin alleine mit meinen sorgen
der rausch ist längst verblasst
und ich denke schon jetzt mit wehmut an
letzte nacht
denn auf rausch halt ich mein leben aus
und nüchtern will ich einfach nur raus

die kippe reicht noch für einen zug
und die zeit geht vorbei wie im flug
während ich in deinem shirt in der küche
sitze
und die lichter der stadt vorbeiziehen wie
blitze
die kippe glimmt noch einmal auf
die nacht zieht vorbei, der tag nimmt sei-
nen lauf

wishes

i wish i was an optimist
but i dread waking up

i wish i was more outgoing
but i am rather quiet

i wish i was smart
but i am just smart enough to have prob-
lems

i wish i was considered beautiful
but i am just considered fuckable

i wish i made my parents proud
but i just make my mother cry

i wish i knew who i am
but i just don't

but most of all
i wish i was somebody's everything

but not just anyone's

yours.

too pretty

i'm too pretty
to be nice
so i gotta be arrogant
i'm too pretty
to be shy
so i gotta be rude
i'm too pretty
to be smart
so i gotta be dumb
i'm too pretty
to be depressed
so i gotta be faking it

yet
you don't know me enough
to make assumptions

yet
you keep telling me
i am too pretty
while treating me
like i am not enough.

untitled I

i know that worrying isn't helping
and overthinking is destructive
and contra-productive
but i can't help it
or help myself
i think too much
and i'm stuck in my head
so even though i'm rarely alone
i'm always lonely
and even though i'm scared of being left
i'm the one that's leaving
as sleeping forever sounds so seductive.

19

ich bin gerade 19 geworden
und dachte es wird alles besser
an den richtigen orten

aber ich hab keine ahnung
was passiert ist
ob ich verliebt bin
oder das meine triebe sind

aber in letzter zeit ist alles anders
nicht unbedingt schlechter, einfach anders
diese leere die ist immer noch da
und der schmerz lässt auch nur mäßig nach
er kommt in wellen
mit ebbe und mit flut
würde gern drüber reden
doch mir fehlt der mut

und ich frag mich andauernd nach dem sinn
und weiß schon lange nicht mehr wohin
wohin mit all meinen worten
denn es sind nie die von den richtigen
sorten
denn ganz egal wie rosig der tag
hab letztendlich doch einfach angst und zu
wenig rückgrat
um zu sagen was ich so fühle
wenn ich die leere wieder mit alkohol fül-
le

aber an manchen tagen möcht ich reden,
ohne komma, ohne punkt
und an anderen tagen; da bleib ich einfach
stumm
und auch wenn's klischee ist
und du mit der antwort nicht zufrieden
bist
es liegt nicht an dir
es liegt an mir

und wenn ich dir vor den kopf stoße
dann liegt's daran, dass ich mich selbst
abstoße
aber vielleicht macht das depressionen ja
aus
du sitzt alleine, isoliert in deinem kal-
ten haus
die türen hast du vorsichtshalber zweimal
verriegelt
denn du hast ja schon angst vor dir selbst
im spiegel

menschlichen kontakt gern, aber bitte auf
distanz
ist wie walzer, ein schrecklich steifer
tanz
denn oberflächlich, das kann ich gut
nur für richtige nähe fehlt mir der mut
emotionen zeig ich ungern echte
doch innerlich sind's vorwiegend schlechte
probleme mach ich lieber mit mir selbst
aus
schrecke vor hilfe zurück, wie eine ver-
ängstigte maus

und ich weiß nicht mal wieso
eigentlich ist angst doch unter meinem
niveau
aber scheint so als könnte meine fassade
noch so schön scheinen
hintendran werd ich wohl immer ein klei-
nes, verängstigtes mädchen bleiben.

hallo mama

hallo mama - selbst der satz stresst mich
schon
die worte klingen ungewohnt
aber was soll man sonst sagen
wenn wir uns endlich gegenseitig ertragen
oder es zumindest versuchen
miteinander zu reden ohne uns zu verflu-
chen
doch 19 jahre hinterließen ihre spuren
ließen meine emotionen verhärten, wie
skulpturen
so lang hab ich mir deine liebe gewünscht
doch merkte stets, ich war unerwünscht
und auch wenn der kamin fast immer an war
mein herz ist jetzt kalt und starr
so eisig wie dein blick
und so erstickend wie ein strick
von dem du dir wünschtest, ich würde ihn
nehmen
und dann alles endlich aufzugeben
dabei wollte ich doch nur, dass du stolz
auf mich bist
weil mich dein hass bis heute noch zer-
frisst
vergeben und vergessen hab ich so oft ge-
sagt
doch schlussendlich war es doch nicht wahr
kann nicht an dich denken ohne deinen hass
zu spüren
als ich auf der fensterbank saß ohne mich
zu rühren

werde nie den blick in deinen augen ver-
drängen
als du meintest ich solle endlich springen
denn auch wenn es 4 jahre zurück liegt

fühlte mich seit dem nie wieder von dir
geliebt
oder von einem anderen menschen
trotz meiner permanenten wünsche
denn ich war dir nie gut genug
ganz egal, in welchem bezug

auch mein verhalten hat die zeit geprägt
und die reflexe sind längst nicht abgelegt
denn hebst du im gespräch einmal kurz die
hand
schreck ich zurück, wie vor einer unsicht-
baren wand
angst war mein ständiger begleiter
und die jahre machten es mir auch nicht
leichter

wahrscheinlich fühlt es sich deswegen so
falsch an
mit dir zu reden, zwanglos unbefangen
denn bei jedem anzeichen deiner wut
steigt meine kindliche angst, verliere
jeglichen mut
und auch wenn du es jetzt so sehr ver-
suchst
nach 19 jahren ist es einfach nicht genug.

angst

wenn ich nachts alleine bin
draußen rauscht der abendwind
dann wird mir manchmal plötzlich kalt
und mein herzschlag macht kurz halt
ein zwei schläge setzt er aus
und stille herrscht im gesamten haus
aber die stille ist nicht angenehm und
friedlich
sondern sie erdrückt und betäubt mich
kann keinen klaren gedanken mehr fassen
aber kann es dennoch auch nicht lassen
zu denken ich wäre nicht gut genug
zu spüren wie ich falle im freien flug
denn diese angst ist überwältigend
und mein herz schlägt, als wäre es ange-
strengt
denn fühlen kann auch schwierig sein
wenn du nachts wach liegst, ganz allein
emotionen können dich befreien
oder auch dein ende sein
doch nichts ist so schlimm wie verdrängen
doch um das zu erreichen gehen manche un-
fassbare längen

denn teenage angst macht keinen spaß
fühlst risse im herzen, ein gesprungenes
glas
aber genau das können wir millennials gut
so tun als ob, behaupten es sei alles gut
doch wir alle haben eigentlich nur angst
und greifen blind nach einer rettenden
hand
eine hand die uns wieder nach oben zieht
wenn die zukunft wie ein abgrund vor uns
liegt
zu viele baustellen, gesellschaftlich und
privat
doch egal was du tust, du rennst nur
schneller im hamsterrad
unser ehemals blauer planet - heute unser
graues grab
denn in 10 jahren braucht auch mutter erde
letztendlich einen sarg
und die angst kann so überwältigend sein
dass du dir wünschst, du wärst teil der
erde und ganz klein
denn vielleicht wärst du der boden, auf
dem eine neue pflanze wachsen kann
eine pflanze als basis für eine bessere
welt, irgendwann.

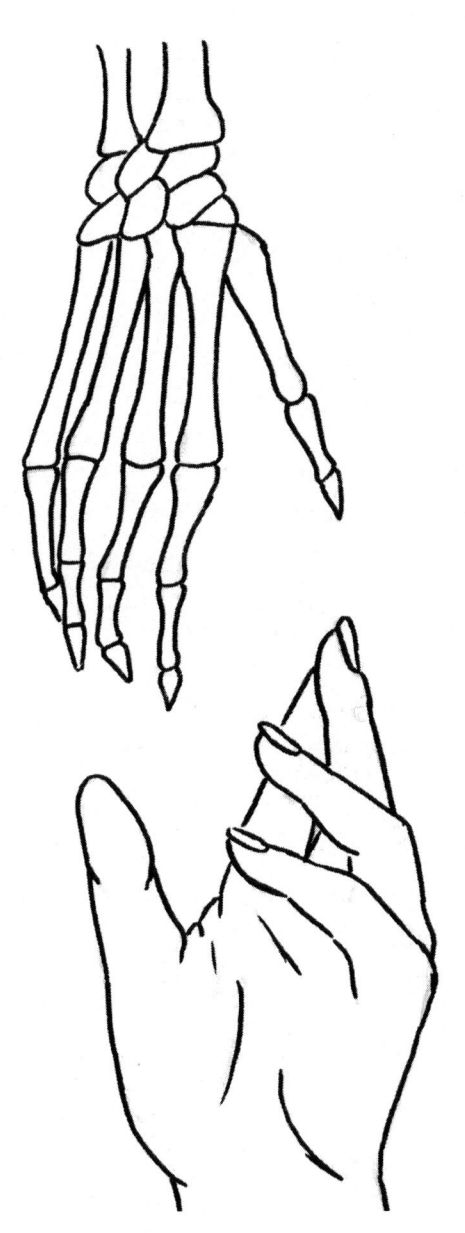

depressionen

kälte stille leere schwere
eine dunkelschwarze barriere
die dich trennt vom licht der welt
und dich in ihren zwängen hält
genau so fühlt es sich an
wenn jeder fragt aber wo liegt es denn
dran?
dann hast du keine antwort auf die frage
bis ans ende deiner tage
denn keine sorge, die sind längst gezählt
die drei sekunden, die hätten gefehlt
die drei sekunden, die sich jemand nimmt
zu sagen „ich bin bei dir kind"
dir zu zeigen, dass du nicht alleine bist
auch wenn dich die leere innerlich zer-
frisst
und dich mit liebe und nähe zu füllen
und dir helfen, dich endlich wieder ganz
zu fühlen.

rausch

kopf zu, augen auf
hallo zurück, bin schon wieder drauf
alles dreht sich, ich dreh mich mit
dreh mich immer schneller, bitte halt mit
mir schritt
lass mich jetzt nicht los, ich falle
ich schlucke und deine süßen worte schme-
cken nach bitterer galle
ich weiß längst nicht mehr warum ich hier
bin
aber suche dennoch nach dem sinn
doch die substanzen vernebeln meine sicht
und dein lächeln strahlt im strobolicht
so schön verstrahlt stehst du da
und ich sehe es auf einmal klar
von deinen schönen blumigen worten ist
kein einziges wahr
da sprichst nicht du, da spricht der stoff
du lässt mich los, ich falle in ein tiefes
schwarzes loch.

stille

und die stille ist ohrenbetäubend laut
ihr kalter atem brennt auf meiner haut
denn ich wollte immer mehr
doch deine hälfte vom bett bleibt heute
leer
so wie gestern und schon die ganze zeit
mein herz zerbricht an einsamkeit

und die stille ist ohrenbetäubend laut
ich sehne mich immer noch nach deinem atem
auf meiner haut
nach deinem herzschlag neben mir
nach deinem lachen induziert von bier
doch das ist nur noch teil meiner erinne-
rung
und alle sagen kind du bist doch noch jung
ja natürlich bin ich das
aber ich suche immer noch dieses gewisse
etwas
das ich in deinem lächeln gesehen habe
das die stille mit lachen gefüllt hatte.

tattoos

du starrst auf die schwarzen linien und
fragst mich
"was bedeuten die tattoos für dich?"
ich lächele "das ist kunst auf meiner haut
ich find es sieht einfach schön aus"
aber dann denk ich weiter nach
und merke, das ist gar nicht wahr
vielleicht ist nicht jedes ein symbol
und manches entstand auch unter dem ein-
fluss von alkohol
doch meistens steckt doch mehr dahinter
eine geschichte vom letzten winter
oder war es doch eher eine schnapsidee?
selbst wenn, ist doch auch okay
und insgesamt ist es ein zeichen meiner
freiheit
mich abzugrenzen von eurem einheitsbrei
zu zeigen, was mich so bewegt
was mir generell so durch den kopf schwebt
und wenn du dann sagst, dass das für immer
ist
dann merk ich, dass "für immer" auch nur
ein menschliches konstrukt ist
so wie raum und zeit
eine einschränkung meiner lebenslangen
freiheit
doch mit schwarzer farbe hol ich mir meine
autonomie zurück
und erzähle von der suche nach meinem
glück
mit schwarzen linien unter meiner haut
und ohne jeglichen laut.

untitled III

hätte ich das mal vor 5 jahren gewusst
dass sich nie was ändert, zumindest nicht
bewusst
letztendlich mach ich es euch allen recht
nur mein lächeln ist schon lange nicht
mehr echt
doch die tränen die ich nachts weine
zeigen mir, ich bin alleine
alleine in diesem kampf mit mir selbst
doch wie entscheide ich wer fällt?
wie kannst du schon verlieren
wenn du doch nur mit dir selbst im clinch
bist?
aber viel wichtiger
wie sollst du diesen kampf gewinnen?
die karten sind gezinkt, warum überhaupt
beginnen?
beginn doch damit aufzuhören
dich dauernd nur selbst zu zerstören

gehen

ich seh dich auf mich zu gehen
und ich möchte auf dich losgehen
doch wir müssten aufeinander zu gehen
aber gleichzeitig gehst du immer weiter
weg von mir
und aus angst fang ich an wegzurennen
will dein neues ich nicht mehr kennen
du gehst nach hause
ich gehe weg
gehst du mit?
wir gehen diesen weg zusammen
aber letztendlich geht jeder das letzte
stück allein
denn unsere wege haben sich nur zufällig
gekreuzt
und so lange es noch schön ist
ist es besser du gehst
und wenn du mich liebst
dann lass mich gehen
denn wenn ich geh, dann geh ich
entweder ganz weit weg
oder für immer
und auch wenn die zeit heute schleicht
rennt sie in der retrograde
und alles läuft ganz gut gerade
vielleicht kommt alles irgendwann zum sto-
cken
und letztendlich müssen wir alle stehen
bleiben
und nicht mehr gehen, sondern einfach al-
les anhalten.

warum

wieso?

weshalb?

warum?

wer nicht fragt, bleibt dumm

selbst meine kleine schwester weiß das
schon
und trotzdem steh ich still, bleibe stumm

weiß nicht mal wie ich anfangen soll
dich zu fragen, was die scheiße soll

woher du dir das recht nimmst
mich zu behandeln wie ein kleines kind

zuhause

wollte immer nur weg von hier
immer nur weg von dir

denn hier hab ich nicht hingehört
mein verhalten war unerwünscht und uner-
hört
ich war anders als die h&m uniformierte
einheit
und ihr habt mich immer spüren lassen,
dass das falsch sei

klar kann ich verstehen man, ihr versteht
mich nicht
und was der bauer nicht kennt, das frisst
er nicht
also wollte ich immer nur fort
so weit weg wie möglich von diesem grauen
ort

denn mir war immer klar, ich gehör hier
nicht hin
aber bin umhergetappt wie ein verwirrtes
kind
hab dann angefangen wegzulaufen
denn mit flugtickets kann man glück doch
kaufen

und als ich endlich permanent weg war
sah ich alles endlich so unendlich klar
das gewicht auf meinen schultern wurde mir
durch den ortswechsel genommen

und noch heute bin ich vor glück wie be-
nommen
hab endlich meinen platz gefunden
es gibt zwar auch hier nicht nur glückli-
che stunden
und werde meine wurzeln bestimmt nie ver-
gessen
trotzdem muss ich mich nicht mehr an euren
beschränkten normen messen

denn ich habe endlich angefangen aufzuhö-
ren

mich durch meine permanente flucht selbst
zu zerstören

hab endlich einen platz, den ich zuhause
nennen kann
und fange endlich zu leben an.

illusion

wollte immer nur weit weg von hier
dachte somit find ich endlich zu mir
doch weglaufen kann so anstrengend sein
und einsam, so ganz allein
dauernd fühlte ich mich verloren
und nirgends auch nur ansatzweise geborgen

immer auf der suche nach dem besonderen
etwas
aber was mach ich mir vor, weiß doch nicht
was
wusste nur, dass irgendwas fehlt
und mich dessen abwesenheit so unendlich
quält
doch nach fast 20 jahren weglaufen wird
mir klar
eigentlich war doch alles da

das einzige was mir fehlte war selbstliebe
und innerlich führte ich 1000 kleine krie-
ge
tag ein, tag aus zog ich in dieselbe
schlacht
und nach knapp 20 jahren fehlt mir einfach
die kraft
doch die resignation war mein retter in
der not
denn noch ein paar mehr kriege wären mein
sicherer tod

hab endlich angefangen aufzuhören
mich wie sisyphos permanent selbst zu zer-
stören
und hab begonnen mich selbst zu akzeptie-
ren

das gleicht in unserer gesellschaft dem
revolutionieren
denn das 21. jahrhundert baut auf unseren
selbsthass
besonders auf den der upperclass

hier nochmal danke an den kapitalismus
er macht zufriedenheit zum absoluten luxus
den sich jedoch niemand leisten kann
weil niemand mehr an sich selbst glauben
kann
dauernd hörst du nur das negative
den permanenten zwang, dich ständig zu
„optimieren"

schöner, schlauer und einfach besser
scheinen alle zu sein
und du selbst fühlst dich wieder ganz al-
lein
soziale medien helfen da auch nicht wirk-
lich
denn was sie uns zeigen ist alles andere
als wirklich
deine idole scheinen doch so glänzend wun-
derbar
aber glaub mir, die haben auch keinen per-
fekten alltag

wieviele von ihnen sich in den schlaf wei-
nen
würden sie der welt jedoch nie zeigen
die illusion muss aufrechterhalten werden
doch hinter der fassade liegt alles in
scherben

und wieviele von ihnen sich einfach nur
weit weg wünschen
wenn sie ihre wahren gefühle wieder mit
einem filter übertünchen
das wirst du nie erfahren
sondern dich weiterhin permanent fragen
was dir in deinem leben fehlt
was dich nachts so sehr quält
und wenn du wieder weit weglaufen willst
halt doch einfach einmal kurz still
alles was du brauchst ist hier
alles was du brauchst liegt tief in dir.

Illusion

therapie

hätte ich mir meine hilflosigkeit vor zwei
jahren nicht eingestanden
hätte ich das ganze hier sicher nicht
überstanden
und auch wenn ich doch eigentlich nur ir-
gendwo auf einer couch liege
bedeutet das, dass ich jetzt endlich hilfe
kriege
denn was auch immer dir die gesellschaft
erzählt
sich helfen zu lassen ist absolut okay
auch ich hab ewig gebraucht das einzusehen
aber mittlerweile kann ich es verstehen:
es gibt probleme, die sind einfach zu groß
und alleine bist du einfach machtlos

panikattacken, depression und essstörungen
all das sind keine modeerscheinungen
sondern probleme, die seit generationen
unsere gesellschaft belasten
aber erst in letzter zeit schenken wir
ihnen endlich beachtung
denn das ist keine einbildung
sondern eine einschränkung
so wie jede andere krankheit
und auch hier heilt dich nicht die zeit
du gehst zum arzt und lässt dir helfen
denn ohne hilfe wird das ganze nicht sel-
ten
einfach nur noch gefährlicher

und häufig bringt es die betroffenen in
todesgefahr
denn nur weil jemand nicht krank aussieht
weißt du längst nicht wie es im inneren
aussieht.

1000 mal hab ich versucht dagegen alleine
anzukämpfen
um beim 1001. mal dann doch zu verlieren
der letzte vorfall ist genau ein jahr her
und drüber reden fällt mir immer noch so
unendlich schwer
denn das blut zog seine schlieren
auf dem boden der toilettenkabine

und während ich langsam das bewusstsein
verlor
mein kopf benebelt vom tablettencocktail
zuvor
wünschte ich mir nur alles anhalten zu
können
denn die erschöpfung war zu groß um so
weitermachen zu können
und ich weiß es klingt hart
aber ich meine es so wie ich es sag
als ich im krankenhaus aufwachte
war das alles andere als sachte
und bis heute wünsche ich mir manchmal
nichts mehr
als das ich nicht wieder aufgewacht wär.

und ich wünschte, ich könnte sagen es wäre
ein einzelfall gewesen
oder zumindest der erste versuch mir das
leben zu nehmen
doch mittlerweile sind es vier
und irgendwie bin ich doch noch hier
aber das sieht man mir nicht an
diesen andauernden inneren kampf
denn mein größter feind bin ich selbst
doch gleichzeitig bin ich auch alles was
mich am leben hält
und es kommt in phasen
aus dem nichts kann ich auf einmal nicht
mehr atmen
wenn alles wieder zusammenbricht
und mich meine vergangenheit wieder zer-
bricht.

doch seit zwei jahren arbeite ich daran
dass ich mich von dieser altlast befreien
kann
die therapie hat mich zwar noch nicht end-
gültig geheilt
aber mir endlich einen weg aufgezeigt
aus dieser lebenskrise heraus
und langsam geht es bergauf
alleine hätte ich es aber nie geschafft
und bevor du also über therapien lachst
denk einfach dran
so manches leben hängt daran.

kreis

seit jahren dreh ich mich im kreis
und permanente unruhe ist der preis
denn durch das schnelle drehen
kann ich meine umwelt gar nicht wahrnehmen
und ich versuche anzuhalten
um deine hand zu halten
doch du sagst
das hier ist ja nicht auszuhalten
und lässt mich los
und ich dreh mich weiter, atemlos
weiß nicht mehr, wo hinten und vorne ist
weiß nur, dass du alles für mich bist
doch wer bin ich
und was will ich?
das weiß ich leider nicht
und auch wenn ich 5 sprachen sprechen kann
wusste ich von anfang an
dass ich dieses gefühl nicht beschreiben
kann
und ich mich immer schneller, bitte halt
mit mir schritt
und wenn ich dich frage, kommst du dann
mit?
wohin weiß ich leider nicht genau
hauptsache weg von dem permanenten grau.

planlos

denn ich wache jeden tag erneut auf
stehe auf, gehe raus
doch manchmal bleib ich kurz stehen
und frage mich, wohin wollte ich eigent-
lich gehen?
denn es ist zwar täglich der gleiche weg
doch ist es auch der richtige pfad?
wer bin ich und wohin will ich?
was tu ich eigentlich hier?
eigentlich will ich doch nur zu dir

denn erwachsen fühle ich mich noch lange
nicht
sondern eher wie mein 12 jähriges ich
und treibe hin und her
getrieben von einem gedankenmeer
je stiller es ist, desto lauter tönt es
und je dunkler es ist, desto tiefer ver-
sinke ich
das einzige was gleich bleibt, ist, dass
sich nie was ändert
hat schon prinz pi gesagt
und ich merke es jeden gottverdammten tag

stolpere ziellos vor mich hin
und frage mich permanent nach dem sinn

dann schaue ich nach links
sehe dich, du ext deine drinks
denn wenn du dich leer fühlst
trinkst du dich voll
und für ein paar stunden ist alles toll

dann schaue ich nach rechts
und sehe ihn am rande des gefechts
er ist genauso verloren wie wir
doch er fühlt sich so frustriert wie ihr
und wirft den stein
im verzweifelten versuch, teil eines gro-
ßen ganzens zu sein
seinem leben einen sinn zu verleihen
doch ist er nachts allein
merkt auch er, es reicht nicht, ausländer
raus zu schreien
und an die wände seiner stadt zu schmieren
aber er hat ja nichts zu verlieren
denn vom richtigen weg ist er schon weit
entfernt
und lieben hat er auch verlernt.

menschen

ich bin ungern allein
ungern allein daheim
denn dann fühle ich mich meist einsam
und meine tage verbringe ich lieber ge-
meinsam
mit menschen, die ich liebe
und ich weiß es ist stupide
aber gleichzeitig machen mir menschen auch
am meisten angst
besonders wenn man von mir verlangt
mit fremden menschen zu reden
ihnen aus meinem leben zu erzählen
denke immer, man mag mich nicht
denke immer, liebe verdiene ich nicht
und in gruppen neuer leute
fühle ich mich wie vor einer hungrigen
meute
die mich beobachten und bewerten
und deren blicke mich entwerten
habe immer angst was falsches zu sagen
keine antwort zu wissen auf ihre fragen
zu wirken, als wäre ich dumm
also bleibe ich lieber stumm
denn das macht sozialphobie mit dir
du wirst stumm, merkst, du gehörst nicht
nach hier

wünschst dich immer ganz weit weg
aber bleibst stehen, wie versteinert auf
deinem fleck
und deine unsicherheit wird so oft als
arroganz interpretiert
dabei bist du eigentlich unkompliziert
und ziemlich witzig
aber bist du dran etwas zu sagen, werden
deine hände schwitzig
du wirst ganz rot
und wünschst dir, du wärst tot

nur um nichts sagen zu müssen.

trauma II

aktuell gehts mir ziemlich gut
und schorf bedeckt mittlerweile das blut
meiner alten wunden
doch in einsamen stunden
da fang ich manchmal an, mich in meinen
gedanken zu verlieren
und ich kann es noch so heftig trainieren
ich kann nichts dagegen tun
und vergesse nun
all das, was ich in therapie gelernt habe
und nutze meine altbekannte gabe
mich selbst zu sabotieren
und mich in mir selbst zu verlieren.

doch selbst wenn ich es tagsüber meistens
ganz gut schaffe
und sowohl panik, als auch depressionen
hinter mir lasse
so wache ich nachts noch immer voller
angst auf
schrecke hoch mit schweißgebadeter haut
und realisiere erst nach ein paar sekunden
ich hatte einen albtraum in den vergange-
nen stunden
was ich geträumt habe? - weiss ich nicht.
was es mir sagen soll? - frage ich dich.
und du erklärst mir, dass es diese eine
sache ist
die mein gehirn mit aller macht vergisst
oder wohl eher verdrängt hat

diese schreckliche tat
an die ich mich nie erinnern wollte
und laut meines gehirns auch nicht erin-
nern sollte.

die bruchstückhafte erinnerung reicht
schon aus
sodass die stille über mich einbricht, wie
wellen von applaus
und ich mich schneller und schneller in
der spirale drehe
und ehe ich mich versehe
wieder am abgrund stehe
ich taumele und strauchele
und versuche, mich selbst zurückzuhalten
oder nach deiner hand zu greifen
doch verfehle ich diese
so greife ich nicht selten nach chemischer
liebe
denn alles ist besser als dieses gefühl zu
fühlen
und alles ist besser, als meine schlimms-
ten ängste erneut zu spüren
und so balanciere ich weiterhin an der
klippe
ein einziger windstoß reicht und ich kippe

denn manches trauma ist einfach zu viel
und ich bin doch endlich einmal halbwegs
stabil
zumindest habe ich dich als trumpf in mei-
nem blatt
aber - es ist und bleibt ein drahtseilakt.
denn ich weiß nicht ob ich die erinnerung
verkraften kann
und vor allem: wenn nicht, was passiert
dann?
will nicht wieder an diesen ort zurück
einsam, schwarz und ohne glück
denn dieser ort verschlingt mich
und zerbricht mich
und das schaff ich nicht

- nicht nochmal.

hallo papa

hallo papa will ich sagen
dich nach deinem tag fragen
doch du bist nicht da
so wie es schon immer war
denn schon wie in der vergangenheit
und eigentlich die ganze zeit
glänzt du mal wieder durch abwesenheit
„papa macht was papa sagt"
wurde so oft gesagt, ist doch nicht wahr
denn du bist immer da
aber du bist nicht hier
deine arbeit war dir immer wichtiger als
wir
und du kamst einfach nie mit dir selbst
klar
du weißt, es ist wahr
ich werf es dir längst nicht mehr vor
so wie all die jahre zuvor
du hast dieses spiel schon so lang ge-
spielt
aber dein blatt ist einfach mies
das leben war nie fair zu dir
und keiner ist wirklich bei dir
du bist so ein großer bär
aber dein herz, das ist unendlich schwer
und obwohl ich nicht weiß wie ich's dir
sagen soll
papa, du bist trotzdem toll.

verzeih dir seit jahren all deine fehler
denn du bist nicht so wie jeder
du bist so ein interessanter mann
der so viel tolle sachen kann
doch leider sieht das keiner außer mir
diese verletzliche und liebevolle seite an
dir
und du bemühst dich so sehr
aber es fällt dir unendlich schwer
für uns da zu sein
papa, bitte lass mich nicht mehr allein

hast immer gesagt ich wär schon so groß
aber wie sag ich's dir bloß?
hatte keine andere wahl
niemand anderes war bei mir in meiner qual

du hast mir damals einfach nicht geglaubt
oder besser nicht glauben wollen
denn das hätte nicht sein sollen
die mutter deines kindes war der grund für
so viel schmerz
und bis heute bricht es mein herz
mich dran zu erinnern
wie du dich abwandtest von uns kindern
denn du wusstest nicht was du sagen sollst
wie du mir helfen sollst
wie denn auch?
die erinnerung scheint wie rauch
denn niemand bereitet dich darauf vor
dass auch deine nächsten dich teils ver-
letzen wollen

und was hättest du auch machen sollen?
ich weiß es nicht
aber alles wäre besser gewesen als nichts

und diese gespräche die du mit uns geführt
hast?
ein netter versuch der letztendlich auch
nichts gebracht hat
wie ein pflaster auf einem amputierten
bein
im endeffekt war ich doch allein.

trotzdem hab ich dich immer bewundert
warst mein rückhalt, einer unter 100
wollte immer nur, dass du stolz auf mich
bist
dass das, was ich tue, endlich genug ist
genug, um deine liebe zu erhalten
und ich dachte all die jahre es liegt an
meinem verhalten

aber nach 3 jahren therapie
seh ich's endlich so klar wie nie
dein erziehungsstil war vernachlässigend
und ich war ein ganz normales kind
hätte dich nicht ändern können
aber würde es meinen geschwistern so sehr
gönnen
dich als fels in der brandung sehen zu
können

der zug ist für mich abgefahren
denn nach all den jahren
bist du eher wie ein kumpel zu mir
aber papa ich will kein bier
und auch keinen rauchen
hab längst aufgehört dich zu brauchen
denn hätte ich dich gebraucht
du wärst doch nicht aufgetaucht

denn selbst nach meinem vierten selbst-
mordversuch
liest du lieber irgendein buch
anstatt dich näher mit mir zu befassen
und ich kann's nicht sein lassen
muss mich immer weiter fragen
weshalb du überhaupt vater geworden bist
wenn du so überfordert bist
und ob du dir nicht manchmal heimlich ge-
wünscht hast
ich hätt's schon beim ersten versuch ge-
schafft.

consent

you keep telling me
that i look hot
that i make you hot
that you want me
so badly

you keep making inappropriate jokes
because it's "just a joke"
and i shouldn't be "so uptight at all
times"

you tell me
that you're gonna get me drunk
because then i will be "more fun"
and i should take your drinks as compli-
ments

you touch me
because i'm wearing those shorts
and that must mean i want this

you kiss me
because you want to
and that's it - you do it because you want
to

you are "just flirting"
because you think i am cute
and you just don't understand

someone
was "just flirting" with me
three years ago
he did the same things you did
and he felt
he had the right to
because i had been laughing
and i had been drinking
and i was wearing those shorts

so he pulled me towards his tent
and even though i started crying
he just didn't care
and he felt
he had the right to
because i had been laughing
and i had been drinking
and i was wearing those shorts

he grabbed my wrist so hard
i had bruises
i started dissociating
and i had a panic attack
(the first of many)
but he still felt
he had the right to
because i had been laughing
and i had been drinking
and i was wearing those shorts

i talked to the police
i had to give my statement twice
and they asked me
had you been laughing?
had you been drinking?
what were you wearing?
this happened three years ago

to this day
i don't know what happened
not because i was drinking
but because i have ptsd

to this day
i still get panic attacks
when someone grabs my wrist and pulls me
not because i am whiny
but because i have been traumatised

to this day
the guy was never caught
not because he didn't deserve to
but because the police dropped the case
after two weeks

to this day
people still assume consent
but it is not consent
unless you say yes

and it is not your fault
you can laugh
you can drink
and you can wear whatever the fuck you
want
and still say no

so if you think
it's a "hard time" for men
try being a woman.

lost

you have told me
i look lost
and smiled
because you thought
„finders keepers"
but let me tell you
the truth about being lost

i have been lost
for so long
that i don't even know
who i used to be

and being lost
has led me
to keep on running
without a destination
to keep on drinking
without limitation
to keep on searching
without knowing what
to keep on trying everything
without hesitation
to keep on taking risks
without caring about consequences
because i didn't care
about living
or dying

because being lost
makes you feel cold
while the pain is burning hot
makes you feel lonely
while standing in a crowded room

it makes you feel restless
while resting most of the day
makes you feel dead inside
while breathing and being very much alive

so fuck your romanticised idea
of what it means
to be lost
because i am
not a damsel in distress
not someone you can save
and definitely not yours to keep
just because you think
you found me.

myself

i feel like
i haven't been myself lately
i don't know
what it's been exactly
but somehow i feel better
i don't dread getting up anymore
i don't cry myself to sleep anymore
i don't purposely hurt myself anymore
i don't starve myself anymore
i don't destroy myself anymore

so when i look at that list
all i did
was stop hating myself
was stop slowly killing myself
and if that makes me feel
like i am not being myself
then how long have i been slowly dying
without even noticing?

i've treated my mental disorders like my
personality
when in fact
i didn't even know my personality
as it was covered
by so much pain
by so much agony
by so much suicidality

but lately
i've been better
better than i have ever been
better than i ever thought i would be
it wasn't my doing really
it was therapy and antidepressants
because if you dig your grave deep enough
you won't make it out on your own
(trust me, i know)

i turned 20
another age i never thought i would reach
and to you
this might sound pathetic
but to me
it feels like
i am getting another chance
another shot at life
and this time
i don't want to blow it.

WHO ARE YOU

WHEN YOU ARE NOT
YOURSELF

albträume

seit monaten kann ich nicht richtig schla-
fen
weil mich albträume nachts jagen
meistens kann ich mich nicht an meinen
traum erinnern
und das macht das ganze eigentlich noch
schlimmer
ich wache schweißgebadet auf
schrecke panikerfüllt hoch
um dann doch zu merken:
ich habe nur schlecht geträumt
das wurde mir schon als kind so oft gesagt
aber eigentlich ist es nicht wahr

es ist nicht "nur" ein schlechter traum
es steht für so viel mehr
es steht für das trauma
das ich nie verarbeitet hab
es steht für den schmerz
den ich niemals gefühlt, sondern immer
weggestoßen hab
und es macht mir angst
so schreckliche angst
dass ich nicht mehr schlafen gehen will
und sogar tabletten nehmen muss

und wenn ich sage
dass ich müde bin
sagst du
dass ich immer müde bin
und du hast recht
ich bin müde von allem
müde von meinem schlaf
der mir anstatt ruhe
nur angst und panik bereitet
und ich bin müde davon
dass mir leute sagen ich solle früher
schlafen gehen
aber ich will meine dämonen doch nicht
sehen

ich bin müde davon
immer müde zu sein

müde vom leben zu sein.

friendships with expiration dates

once again
i've been making friends
and the date of separation was set from
the beginning

once again
i know that you're here
and i am gonna leave soon

once again
my heart will break
when i have to say goodbye instead of see
you soon
and knowing that i might not see them
again until the next blue moon

but what i have learned
from singapore and thailand
is that with the right people
staying in contact isn't hard
and even after five years of not seeing
each other
i know i have a friend in england
that i can count on
that i can rely on
and that most importantly
will always be
a part of me

so there's hope
for friendships with expiration dates
as long as both are willing
to stay in contact
and work hard
to keep their place in each other's heart.

wandel

gestern war alles anders als es heute ist
und morgen wirst du anders sein als du es
heute bist.
und so war es schon immer
und so wird's für immer sein
denn das ist der lauf der zeit
und der lauf ist die bewegung
der schritt hinzu fortschritt
der drang zur veränderung

denn stillstand gibt es nur am ende
und selbst dort bewegst du noch fremde
hände
denn deine präsenz, die trägt zum wandel
bei
auch wenn es eine noch so kleine verände-
rung sei

denn die welt braucht endlich veränderung
und umso mehr eigentlich verbesserung
so kann es doch nicht weitergehen
oder wir werden endlich eingehen
so wie die blumen die mal da wuchsen
wo wir dann fundamente für unsere häuser
gruben
rücksichtslos und egoistisch
so wie die menschheit nun eben ist

aber ein teil von uns fängt nun endlich an
wir leben nachhaltig und vegan
und auch wenn es nur ein kleiner schritt
ist
ist es doch wichtig, dass auch du auf un-
serer seite bist
denn nur so kann wandel funktionieren
wenn wir alle an einem seil ziehen.

isolation

schon seit einer weile
fühl ich mich wieder alleine
weiß nicht wann es wieder angefangen hat
wieder angefangen zu schmerzen hat
aber jetzt lieg ich wieder nachts wach
und denke über alles nach
anfangs hab ich an dich gedacht
aber das hat zu sehr wehgetan
also hab ich an meine freunde gedacht
aber das hat zu sehr wehgetan
dann hab ich an meine familie gedacht
aber selbst das hat zu sehr wehgetan

und jetzt sitz ich wieder hier
alleine
und auf ganz seltsame art und weise
wird die welt für mich leise
aber das chaos in mir drin tobt
hätten gedanken eine farbe wären meine rot
rot wie das blut auf meiner haut
denn manchmal werden die gedanken einfach
zu laut

und dann sitz ich wieder hier
alleine
und weine
denn die emotionen überwältigen mich
sie fesseln mich
und erdrücken mich
in mir drin da tobt ein kampf
doch den sieht mir keiner an
und guck ich zufälligerweise mal in den
spiegel hoch
seh ich mein gesicht so leer, innerlich
tot.

by suzie, who i love dearly

men

men are cold
you say
men are distant
you say
men cannot be friends with women
you say
men just want sex
you say

i say
you are wrong

if you teach your sons not to cry
how can you expect them to be emotional?
if you deprive your sons of both emotional
and physical proximity
how do you expect them to know any intima-
cy, except for sexual?
if you keep objectifying and sexualising
women
how do you expect men and women to be
friends?

i say
can you blame men for the way they are
if you are the one teaching them to be
this way?
it's not men that are cold or distant
it's society teaching them to be these
things

and i ask you
once and for all
to stop raising your sons
to be "a real man"
while listening to your daughter's crying
over yet another emotionally unavailable
man
and telling her that "that's just the way
men are"
because you're a goddamn hypocrite.

alkohol

mach die flasche auf
hallo rausch
manchmal trink ich um zu vergessen
vergessen, dass dich ich dich so vermisse
manchmal trink ich um spaß zu haben
an guten tagen
doch es klingt komisch zu sagen
ich mag es, angetrunken zu sein
dann fühl ich mich endlich frei
endlich mal die kontrolle zu verlieren
und mein gedankenchaos reduzieren
meine sorgen vergessen
und stattdessen
mich endlich so gut zu fühlen
mit jedem schluck die leere zu füllen
die ich dauernd in mir spüre
tödlich wie tumore geschwüre
also mach ich wieder die flasche auf
hallo rausch

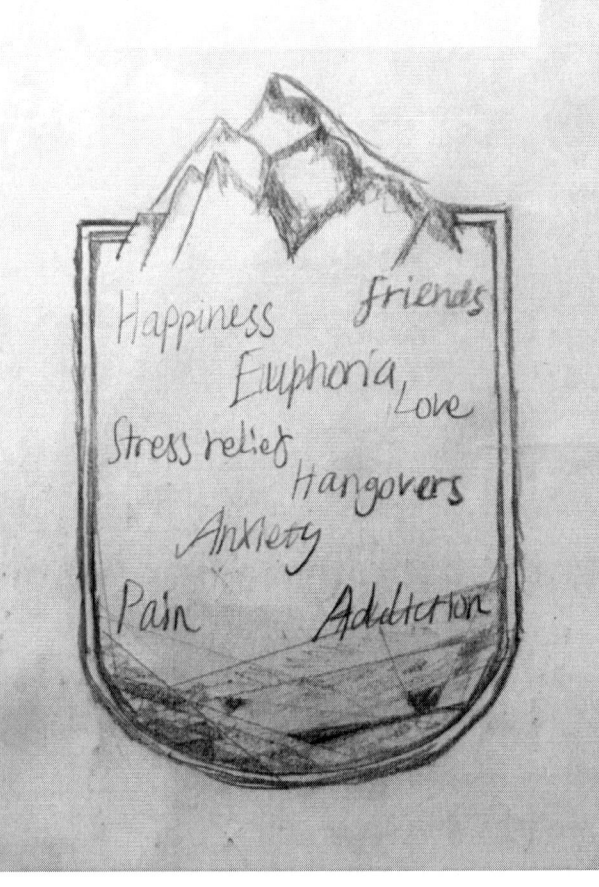

uncertainty

when people think
of the worst moments in their life
they would usually say
things like
a break up
the death of a loved one
or losing one's job
but coming to think of it
these things are bad
but not the worst
at least they give you certainty
a clean cut

so you know what's even worse?
receiving the message
"we have to talk"
and not being sure
about what is gonna happen
having a loved one
in intensive care
and not being sure
about what is gonna happen
being called into your boss's office
when the company isn't doing well
and not being sure
about what is gonna happen

so that's why
right now
things are bad
for a lot of people

the uncertainty is killing them
partly literally
because
if you think
this uncertainty is bad
imagine
how it must feel
if you were already anxious

sorry

i never really said sorry
for the way things turned out
you were really good to me
but i couldn't see
that at this point
was to wrapped up in my own mind
to realise that
you loved me
while all i did
was break you

kunst

wenn ich sage ich mag kunst
dann mein ich nicht nur große maler
sondern auch die neuen künste
ob tattoos oder schminke
ob graffiti oder nur ein lächeln
kunst findet man in allen ecken
sie berührt dich
und verführt dich
sie beruhigt dich
und verunsichert dich
alles kann kunst sein
kunst in deinen augen sein
du musst deinen blick ihr nur öffnen
musst dein herz nur öffnen

ich hab's getan
hab den schritt gewagt
mein herz geöffnet
und bin jetzt so verletzlich
doch diese neue perspektive
verändert mich, werde überwältigt von lie-
be
für die kunst, die ich da sehe
für die generation, für die ich stehe
denn auch menschen können kunst sein
im kollektiv oder allein
und ich war schon immer fasziniert
von allem, was so um mich passiert
bin jedoch
ein lebendes paradox

bin verschlossen
und gleichzeitig offen
zeige keine gefühle
aber hab so viele
verlieb mich nie
aber verschenk mein herz an jeden
der bereit ist, mir ein bisschen liebe zu
geben

gefühle nie greifbar
doch sehe sie eigentlich so klar
weiß nicht wer ich bin
aber weiß ganz genau wer ich nicht bin
und ich schieb dich weg und zieh dich ran
mal will ich nähe, mal will ich distanz
ich verwirr dich
ich verwirr mich

ach ja warte, eigentlich ging es ja um
kunst
vom thema abkommen ist auch eine kunst
laut meinen thesen
bin auch ich kunst gewesen
in all den kleinen momenten
die wir leben nennen
in guten zeiten, unbeschwert
in schlechten zeiten, mein herz so schwer
ein lebendes paradox
und doch
hab ich dich verführt
dein herz berührt

doch dich gleichzeitig auch verunsichert
als wär ich aus einem fernen jahrhundert
als wär ich ein kunstwerk aus einer ande-
ren zeit
und vielleicht ist die welt noch nicht
bereit
für diese art von kunstwerk

aber bitte verberg
dich
deswegen nicht
du bist ein meisterstück
und vielleicht sieht das bisher
einfach niemand
außer ich.

goodbyes

i still don't know why
it's so hard to say goodbye
it's not like i've never said it before
not like i've never heard it before
but each time
hurts like the first time

and now i am sitting here
alone, on a plane home
feeling lonely
tears running down my face
and even though i try to embrace
emotions as much as possible
some pain is just impossible
to endure
but i am sure
these won't be my last goodbyes
it won't be the last time i cry

i still don't know why
this one was a particularly hurtful good-
bye
it's not like i didn't know it was gonna
end
but still i tried to pretend
pretend that we had time
pretend that it was gonna be fine

and now i am sitting here
telling myself that i will be fine
eventually
maybe not tomorrow
and maybe not next week
but eventually
my tears will dry
up until the next goodbye

panikattacke

ich wache auf
nicht langsam, nein
reiße die augen auf
fühle mich gelähmt wie ein stein
und auf meiner brust ist ein gewicht
das mir den atem nimmt
kalter schweiß auf meinem gesicht
und wieder beginnt
mein ganzer körper zu zittern
und ich habe angst
fühle mich beengt wie von gittern
und ich habe todesangst

früher hab ich versucht mich zu wehren
gegen die panik anzukämpfen
konnte mir jedoch nie erklären
wieso ich auf einmal todesangst habe
sie kam auf einmal über mich
überraschte mich
packte mich
und zog mich in ihren bann
doch irgendwann
begann
ich zu verstehen
das panikattacken einfach geschehen
und das beste was man machen kann
ist nicht zu machen
sich einfach überrennen zu lassen
das ganze mit sich geschehen lassen

doch das schlimmste an der sache ist
dass ich mittlerweile genau weiß was sache
ist
was da mit mir geschieht
wenn todesangst mich im spiegel ansieht
aber ich kann nichts dagegen machen
und wäre es nicht so traurig könnte man
drüber lachen
ich muss es einfach aushalten
meinen kopf ausschalten
weil ich weiß, es hört auf
vorübergehend
denn irgendwann wache ich wieder auf
und habe todesangst.

full

i always thought
i felt empty
but actually
i feel full
too full
emotions constrict me
they fill my head
and overfill it
it gets loud
everything demands my attention
everything demands to be felt
and all i want
and all i need
is just a tiny bit of quietness
a bit of stillness
numbness

because feelings demand to be felt
and my feelings tend to be bad
and at this point my head
just really hurts
give me a break
cut me some slack
give me something
anything
to escape this madness

i wish i was empty
but i am so full
of thoughts and emotions
and i just want

it to stop.

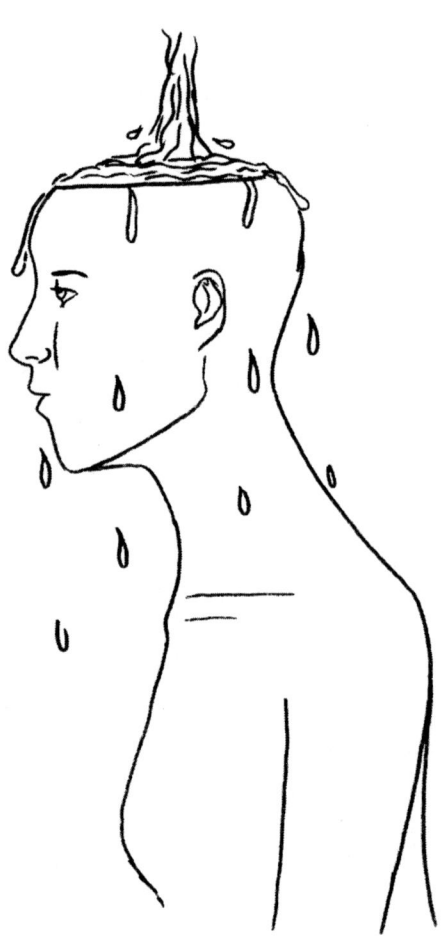

lustig

weißt du was lustig ist?
dass ich hier stehe
und dir was erzähle
obwohl mir nichts mehr angst macht
als der gedanke, dass jemand mich auslacht
während ich rede
und dir was erzähle
„lampenfieber" nennen meine eltern es
„sozialphobie" nennen meine therapeuten es
aber was auch immer es ist
lustig ist es

und weißt du was auch lustig ist?
dass ich mal halb so breit war
wie ich es jetzt bin
und dennoch kein stück glücklicher war
eher jetzt glücklich bin
außer ich gucke in den spiegel
sehe ich mich an und erkenn mich nicht
wieder
ein fetter schatten meiner selbst
und auch wenn du sagst, dass es dir so
gefällt
ich hasse mich
und ich hasse, dass ich mich hasse
kann dennoch nichts dagegen machen
und hasse mich einfach ein bisschen mehr
„gestört" nennen meine eltern es
„körperdysmorphie" nennen meine therapeu-
ten es
aber was auch immer es ist
lustig ist es

und weißt du was auch lustig ist?
dass ich nicht schlafen kann
und wenn ich dann schlafe dann
suchen alpträume mich heim
und ich habe panik wie ein
verlorenes kind
welches in mir drin
alleine gegen die monster unter dem bett
kämpft
und es dämpft
meine stimmung jeden tag
denn mich plagt
tags noch die vergangene nacht
und nichts hat bisher was gebracht
„schläfrigkeit" nennen meine eltern es
„ptbs" nennen meine therapeuten es
aber was auch immer es ist
lustig ist es

und weißt du was lustig ist?
dass ich immer noch panik bekomme
wenn du mein handgelenk zu fassen bekommst
auch ohne große hintergedanken
denn meine gedanken
wandern wieder zurück an den tag
an dem er auf mir lag
und mich nach unten drückte
mein schreien mit seiner hand erstickte
bis ich irgendwann ganz still und leise
wurde
aus der realität entfernt wurde

weil das, was da mit mir geschah
so schlimm war
dass mein kopf es nicht wahrhaben wollte
und ich mich niemals dran erinnern sollte
„betrunkene dummheit" nennen meine eltern
es
„versuchte vergewaltigung mit dissoziati-
on" nennen meine therapeuten es
aber was auch immer es ist
lustig ist es

und weißt du was am lustigsten ist?
dass ich hier stehe
und dich mit meinen witzen quäle
glaub mir, das hatte ich auch nicht so
geplant
habe sogar aktiv was dafür getan
dass ich hier nicht mehr stehen muss
und fasste somit 4 mal den entschluss
mir das leben zu nehmen
aber das leben
ließ sich nicht von mir nehmen
auch die hölle in meinem kopf kann mir
keiner nehmen
weder drogen noch therapie und medikamente
haben was gebracht
haben mich nur müde und hoffnungslos ge-
macht
und nur meinen liebsten zuliebe
kassier ich weiterhin die hiebe
die das leben mir so zuteilt

und habe angst vor der ungewissheit
denn sterben ist die einzige sicherheit
die wir im leben so haben
und wenn mich meine aufgaben
mal wieder zur verzweiflung bringen
träume ich nur davon, mich umzubringen
„pubertäre phase" nennen meine eltern es
„rezidivierende depression mit impulsiver
suizidalität" nennen meine therapeuten es
aber was auch immer es ist
lustig ist es

und weißt du was wirklich lustig ist?
nichts
zumindest nichts, was ich dir heute er-
zählt hab
und eigentlich ist es alles eher zum wei-
nen
aber immer traurig scheinen
ist ja auch nicht das wahre
und somit lächle ich und wahre
den schein
und erst allein
brech´ ich heimlich zusammen
doch sitzen wir zusammen
an einem tisch
dann frag ich dich

weißt du was wirklich lustig ist?
und sage irgendwas
eigentlich eher nichts
zumindest nichts wahres
denn nicht mal ich ertrage es
diese gedanken zu denken
oder ihnen in der hölle in meinem kopf
aufmerksamkeit zu schenken

und weißt du was wirklich lustig ist?
alles
wenn du gut im selbstbetrug bist
nichts
wenn du ehrlich bist.

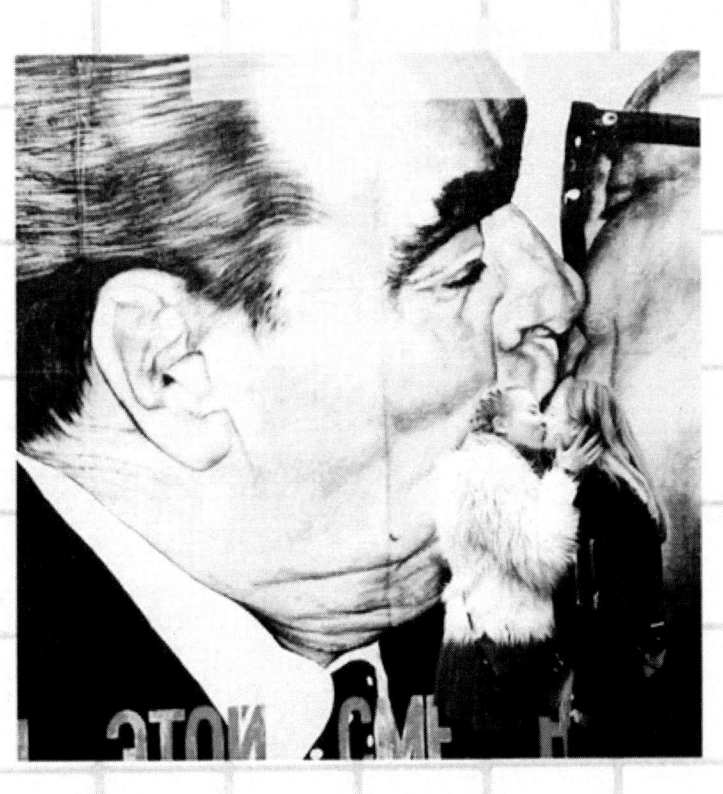

lieber homophober weißer cis-mann

du fragst mich
nach meiner sexualität
ich sag ich weiß nicht
weiß auch nicht wie's mir geht
weiß aber
dass du diese antwort nicht akzeptieren
wirst
dass du versuchen wirst
mich zu katalogisieren
mich in dein weltverständnis ein zu kate-
gorisieren
denn alles andere kannst du nicht verste-
hen
kannst nicht mit meiner andersartigkeit
umgehen
"was der bauer nicht kennt, das frisst er
nicht"
das akzeptiert er nicht
denn es macht dir angst

wer ist denn von euch beiden der mann?
sagst du und lachst
das geht dich gar nichts an
du bastard; das macht
für dich auch gar keinen unterschied
mit dir schiebt
eh keiner eine nummer
ist deine homophobie vielleicht auch nur
kummer
und internalisiert?

dich interessiert
die frage wer der mann ist
weil im gesellschaftlichen bild kein platz
ist

für eine beziehung ohne männer
denn das soll er sein, der gemeinsame nen-
ner
das gute alte patriarchat
welches in der tat
einfach nur diskriminierend ist
einfach nicht mehr zeitgemäß ist

ja, lesben findest du geil, ich weiß
wir bekommen bei deinem anblick eher
angstschweiß
so wie die schwulen auch
denn ihnen gegenüber machst du gern ge-
brauch
von physischer gewalt
wenn du an der bar vor dich hinlallst
denn das konzept von "einvernehmen" ver-
stehst sogar du
wenn du
angst hast, ein schwuler könnte dich anla-
chen
oder dich so anmachen
wie du es täglich bei frauen tust
"ey schnitte, du riechst so gut"
sie dann auch noch anfasst
denn selbst wenn sie sagt "lass
mich in ruhe, ich will das nicht"

dann interessiert dich das trotzdem nicht

aber "wehe, die schwuchtel lächelt mich an
dann zeig ich ihm wie ein richtiger mann
so zuhauen kann"
du misogynes homophobes schwein
am ende stirbst du eh allein
deine welt ist grau und öde
vergammel' doch in deiner einsamen einöde

unsere welt ist bunt und laut
hier ist platz für jede haut
farbe und sexualität
denn dafür steht
lgbtqia+ ja
und dieses jahr
erinnern wir uns besonders an
die schwarzen trans frauen
die sich vor 50 jahren trauten
für unsere heutigen rechte einzustehen
und deswegen stehen
wir diesen pride für black lives matter
ein
vielleicht werden wir irgendwann alle
gleichberechtigt sein.

herzen brechen

mein papa sagte immer, ich sei eine her-
zensbrecherin
und nachts wenn ich alleine bin
da merk ich, er hat recht
diese leere in mir drin ist echt
und denk ich an die vergangenheit
in dieser einsamen dunkelheit
hab bestimmt so einige herzen gebrochen
sie hörten für einen moment auf zu pochen
und der schmerz setzte ein
nicht langsam, nein
plötzlich und vollkommen ohne vorbereitung
auf einmal wurde alles stumm
und da war nur noch schmerz
und ein gebrochenes herz

und warum ich das so genau weiß?
das erste herz, was ich brach, war meins.

seelenmüll

es ist quarantäne
und alle räumen auf
räumen ihr haus auf
werfen all den ballast raus
entsorgen den müll
der sich angesammelt hat
der sich angefangen zu stapeln hat
der sie eingeengt hat

und auch ich würde gern aufräumen
den ganzen ballast rausräumen
aber mein müll ist nicht in meinem zimmer
er ist in mir drin
und das ist viel schlimmer
er belastet mein herz
und zerdrückt meine seele
und du weißt gar nicht
wie sehr ich mich danach sehne
dieses chaos endlich zu beseitigen
meine seele endlich reinigen
von all diesem dreck
diesen müll
der mich erdrückt
der mich erstickt
der mir die luft zum atmen nimmt
und ich habe angst, so wie ein kind
das in der stadt seine verliert
das ziellos alleine rumirrt

denn das tue ich
ich verlor mich
irgendwann im leben

vielleicht wird's irgendwann eine neue
route für mich geben

doch aktuell bin ich vergraben
unter all diesem müll auf meiner seele
und ich sehne
mich nach ordnung und einfachheit
statt chaos und einsamkeit

verlust

weiß nicht mal was ich sagen soll
kann
darf
denn eigentlich
kannte ich
dich
nicht

trotzdem warst du immer da
verging kein tag ohne, dass ich dich sah
und auch wenn die gespräche immer eher
oberflächlich waren
so taten
sie mir trotzdem gut
wie oft machtest du mir mut
weiß nicht
wer ich
für dich
war
doch eins ist klar
kann es noch nicht ganz fassen
oder es in worte fassen

du bist jetzt weg
und ich stehe wie versteinert auf diesem
fleck
versuche es zu begreifen
doch mich ergreifen
benommenheit und stille
und ich halte inne

und denk an dich
so wie du vielleicht an mich
dachtest als du es noch konntest
aber ich konnte
dir niemals sagen wie wichtig du mir doch
warst
wie wichtig mir deine präsenz war

und jetzt bist du fort
hoffentlich an einem besseren ort
du hattest so viele träume und visionen
deine augen glitzerten wenn du von ihnen
sprachst

und jetzt bist du fort
warst zu kurz hier, bist nun dort
verstehe es nicht
und es bricht
mein herz zu wissen, dass du deine träume
nun nicht verwirklichen kannst
zu wissen, deine augen sind nun ohne glanz

grauzonen

beweg mich immer zwischen extremen
kann mich einfach nicht im mittelmaß ein-
pegeln
weiß nicht, was moderat heißen soll
mein glas ist entweder voll
oder leer

und du weißt nicht wie sehr
ich mich nach etwas grau sehne
in einer welt voller schwarz
denn es macht mich auf eine art
kalt und distant
du redest mit einer wand
hinter der ich mich verberge
aus angst, ich werde
noch schwach und lass mich fallen
kann noch die letzten schritte hallen
hören, als du mich verließt
und wenn du diese zeilen hier liest

dann denk doch bitte an mich
so wie ich an dich
mit einem lachenden auge
mit einem weinenden auge
nicht glücklich, nicht traurig
melancholisch

die nächste grauzone in der ich mich wie-
derfinde
und ich winde
mich
vermisse dich
hasse dich
was fühl ich?
weiß ich nicht

manchmal geht's mir gut
während es anderen tagen einfach weh tut
kann dieses gefühl nicht wirklich einord-
nen
es richtet sich nicht nach irgendwelchen
normen
so wie gefühle eben sind
trotzdem suche ich verzweifelt nach dem
sinn.

pain

being suicidal changes you
it breaks your heart
it breaks you too
a special kind of pain
comes from hating yourself
as nobody can help
because how can you win
when you're fighting yourself
and how can you tell your friend
that you want everything to end
so you stay quiet
and deny it
numb the pain
in numerous ways
you waste your time
pretending to be "fine"
no aversive feelings allowed
but the thoughts are just so loud
and you hate yourself for wanting to die
because why?
why can't you just survive
why can't you just enjoy life
everyone else seems to be able to
so you should, too
but your heart aches
and breaks
and you try
so hard
not to die

regression

i can feel myself getting bad again
everything becomes overwhelming
the thought of getting up is repulsing
showering seems impossible
doing anything seems unbearable
i just want to lie down
and face the wall
crawl
under my covers
as i feel a past lover's
absence
an unfinished sentence
a broken promise
filling the air
with even more melancholia
and i shiver
as i would in mongolia
and i lie here
watching myself spiralling
it's frightening
to see yourself getting bad again
and being unable to do anything about it

mind

the mind is a powerful place
a dangerous space
it can convince you of anything
when you've lost everything
all those red flags
became blurry while you took a drag
of your cigarette
our skin still covered in sweat
from the intimacy we just shared
where you sweared
you would love me forever
and all the cruel things you ever
did to me were erased
as i looked into your charming face
and the gaslighting
suddenly seems to lighten
up the whole room
mixed with the fumes
of your dying cigarette
and you inhale your last drag
and just like that
you are gone
and i mourn
alone in my bed
while my room still reeks of your ciga-
rette
and the broken promises
you left me with

(not) a breakup

you said you didn't want to break up
yet that was what you did
you broke up
all the promises slid
right through my fingers
while your words still linger
in the cold november air
cool like the colour of your hair
and their weight keeps crushing me
your absence burdens me
and i cannot stand to see you
see the things you do
while i stare at old photos of us two
wondering where it all went wrong
when it had begun
like a dream
and now i scream
your name into my pillow
mourning like a widow
who just lost the love of her life
but i was never your wife
but you were twin flame
and the pain
is just as bad
makes me go mad
i miss you so much
and i might never find such

a friend like you.

ja

sage immer ja
wenn ich nein sagen sollte
früher
weil ich nicht uncool sein wollte
heute um mich lebendig zu fühlen
das loch zu füllen
was du hinterlassen hast
als du mich verlassen hast
sagte ja
auch wenn ich nein meinte
und mich anschließend in den schlaf weinte
sagte ja
auch wenn ich wusste es ist destruktiv
aber wer gewinnt im krieg gegen sich
selbst
keine ahnung aber verliere mich selbst
in all den gräbern die ich mir selbst ge-
graben hab
all die kreuzungen an denen ich mich
falsch entschieden hab

und ich hab 20 jahre gebraucht
um zu verstehen
dass wenn ich ja zum leben sagen will
ich nein sagen muss zu dingen die ich will
um zu vergessen
sonst vergesse
ich
das leben zu bejahen

seaside

as i'm walking on this empty street
i keep thinking of where i'd rather be
i wanna go to the seaside
the place where everything seems to be
alright
where the waves wash away your worries
and happiness can be found

take me to the seaside
let me sit at the beach
and let the waves, all the waves
wash away
the pain of yesterday
and calm the storm in my heart

the only place where i'm at peace
is the seaside
when wind is running through my hair
and i can smell the salt
and when i smile
i know that i can find happiness at the
seaside

i fell in love with the seaside
and as i look out of my window
as i look at this grey city
i see humans but no humanity
and i wish i was at the seaside
right where i belong

feet in the sand
the taste of salt on my lips
messy hair
and eyes filled with hope
you will only find this at the seaside
right where i belong

generation tumblr

ihr hattet genaue vorstellungen davon was
aus mir werden soll:
jung, schön, erfolgreich - einfach toll
doch mich habt ihr nicht gesehen
habt mich immer nur angesehen
keiner konnte mich verstehen
keiner sah meine tränen
wenn ich mir auf der schultoilette
den finger in den hals steckte
wollte doch nur dünn sein
und mein bein
sollte so dünn sein
wie ein arm

aber nicht mein arm
denn #selfharm
sieht tatsächlich nicht ästhetisch aus
im rückblick graust
mich der gedanke an die roten striemen
das blut, das in schlieren
an meinem bein herunterlief
und letztendlich blieb

nur noch mehr hass für mich
aber ich sagte nichts
jedenfalls nicht zu dir
doch nachts, so gegen halb vier
vertraute ich mich fremden im internet an
und merkte dann
dass ich noch nicht allein war
und scheinbar
passte ich hier hin
blogs mit #thin
stachelten mich an
ich fing an
nicht mehr zu essen
außer zigaretten
und wenn ich jetzt sehe
wie du dir tumblr schön redest
es idealisierst
es romantisierst
dann sehe ich rot
feuerrot
vor meinen augen
und nicht mehr auf meinen armen
doch die narben
sind geblieben
und mit ihnen
auch die erinnerung
denn #selfharm bringt dich vielleicht
nicht um
aber nimmt dir dennoch das leben
und lässt dich aufgeben.

danksagung.

dankbarkeit. ich glaube, das ist mein
größtes learning aus den letzten paar jah-
ren. ich bin dankbar, noch hier zu sein.
dankbar für soleil, meine familie und mein
leben hier in hamburg. von ganzen herzen
möchte ich auch denjenigen danken, die
verrückt genug waren, an diesem projekt
mitzuwirken. weiß gar nicht so richtig was
ich sagen soll um ehrlich zu sein. den
traum, ein buch zu schreiben, habe ich
schon lange – bestimmt seit der grundschu-
le. bücher waren mein copingmechanismus um
der welt zu entfliehen. doch mich selbst
fand ich in den fantasy büchern meiner
kindheit nie. die held*innen dort waren
immer stark, schön und hatten einen plan.
ich hingegen fühlte mich immer hässlich
und abstoßend, sowohl innerlich als auch
äußerlich. und schwach war ich auch, davon
war ich überzeugt – sowohl panikattacken
als auch „breakdowns" begleiten mich seit
der grundschule. und dann auch noch mit 18
die realisation: heterosexuell bin ich
nicht. und so lief ich verzweifelt und
planlos durch eine welt, in der alle su-
perheld*innen in einer anderen realität zu
existieren schienen als ich. im nachhinein
habe ich festgestellt: sie waren nicht
real. weder aus einer weltlichen perspek-
tive noch aus einer charakterlichen per-
spektive betrachtet.

zudem wuchs ich ohne konfrontationen und aufklärung über psychische störungen auf, fühlte mich „anders" und zog mich zurück. doch ein psychologiestudium später weiß ich nun: ich war bzw. bin nicht allein. doch das andauernde stigmata psychischer störungen und die gesellschaftliche tabuisierung dieser themen ließ mich dies annehmen. wenn nur ein mensch dieses buch liest und sich dadurch weniger allein fühlt habe ich schon alles erreicht.

der zweite beweggrund dieses buch zu veröffentlichen hängt auch mit einem meiner zufluchtsorte zusammen: museen. um genauer zu sein, museumsshops. es gibt wirklich wenige läden in denen ich schon so viel zeit (und geld) gelassen wie in den verschiedenen shops von kunstmuseen. mein buch inmitten all dieser fantastisch sonderbaren bücher und souvenirs zu sehen ist seit vielen jahren ein traum von mir. denn ich glaube, eigentlich bin auch ich ein museumsshop: ein bisschen komisch, mit vielen verschiedenen geschichten, kunterbunt zusammengemischt und doch irgendwie kohärent.

ich hoffe, dir hat dieses buch gefallen. vielleicht hat es dich bewegt, vielleicht musstest du lachen über die gedanken und gefühle einer so jungen frau. vielleicht erkennst du dich in den gedichten wieder. also: **COULD YOU FEEL IT?**

in liebe und tausend dank
sophie-charlotte

besonderen dank an

alexandra v.	s. 48
anna s.	s. 11
armando m.	s. 59
birk a. l.	
clara m.	s. 94,119+132
emily b.	s. 102
franziska l.	s. 19
gabriel k.	s. 138
jonas m.	s. 31+125
lena s.	s. 56
louisa s.	s. 17,20,26,71+113
maja	s. 24+112
marie d.	s. 79
marvin m.	s. 81
nina p.	s. 69,109,140,142+160
nico p.	s. 45
paula u.	s. 122
pauline g.	s. 136
sari e.	s. 34+35
smilla w.	s. 15
sören h.	s. 54+84
susanna k.	s. 120
timon b.	s. 74
tommi k.	s. 127
vincent w.	s. 42

+ tausend dank an jede*n, die*der mich mental + finanziell unterstützt hat. ohne euch wäre das hier nicht möglich gewesen.

sophie-charlotte ist psychologie studentin, hundebesitzerin und ehemalige deutsche meisterin. hauptsächlich ist sie jedoch ein kleiner teil einer großen generation; ein sich immer veränderndes puzzlestück. so erzählt ihr gedichtband autobiografisch vom erwachsenwerden: dem guten, dem schlechten und all den grauzonen. vom herumirren und sich finden, von angst und euphorie. die künstlerische gestaltung gab schilberz an ihre freund*innen und bekannten ab, sodass ein buntes, chaotisches und von freund*innen gestaltetes werk entstand - eben wie erwachsenwerden sich anfühlt.

Zlatimir Kolarov
Mitternachtsetüden
Novellen
Aus dem Bulgarischen von Rumjana Zacharieva
Gebunden, 13,5 x 21,5 cm
220 Seiten, 16,90 €
ISBN 978-3-89998-363-0

Die Protagonisten großer Schriftsteller sind die kleinen Leute. Die Sprache der großen Literatur ist natürlich und ehrlich, auch selbstkritisch – sie ist keine Qual, sondern ein Vergnügen für den Leser und für den Übersetzer. Gemessen an diesen Kriterien, ist der Autor Zlatimir Kolarov einer der Großen nicht nur der bulgarischen Literatur! Sieben geheimnisvolle Schick- sale, sieben Novellen mit nicht voraussehbarem Ende, sieben Stück- chen brillanter Literatur, die uns Einblicke auch ins Lie- besleben älterer Menschen gestatten.

Unkonventionelle Protagonisten mit unkonventionellem Benehmen und unkonventionellem Dasein.
Angela Dimcheva – Lyrikerin, Literaturkritikerin, Journalistin

Gebrochene Schicksale ungebrochener Menschen.
Dimitar Christov – Dichter

Europäische Literatur Klasse 1a.
Borislav Boychev – Schriftsteller

Margarete Hoffend
Aschenruf
Gedichte
Gebunden, 12,0 x 21,0 cm
112 Seiten, 14,90 €
ISBN 978-3-943583-82-3

Das Buch "Aschenruf" richtet sich gegen das Vergessen der Shoa in Europa und beschreibt lyrisch den gegenwärtigen Antisemitismus, der sich ungehindert im sogenannten „Antizionismus" fortsetzt - und sich am Staat Israel abarbeitet. Aktivisten, die für Boykott, Desinvestitionen und Sanktionen stehen, machen sich stark für das Entfernen von israelischen Produkten aus den Regalen von Supermärkten in Westeuropa, für den Ausschluss israelischer Künstler und Sportler von internationalen Veranstaltungen. Sie setzen Wissenschaftler und Unternehmer, die beabsichtigen, mit Israel zu kooperieren, unter Druck und scheuen sich nicht, Künstler, die in Israel auftreten wollen, in ein schlechtes Licht zu setzen. Diese sogenannten "antizionistischen" Personen aus dem linken und rechten politischen Spektrum in Deutschland und Europa betreiben mit ihren lautstarken Parolen wie u. a. „Kindermörder Israel" die Dämonisierung und Destabilisierung des einzigen demokratischen Staates im Nahen Osten mit dem Ziel seiner Auflösung an.

Unsere BÜCHERSTUBE
im LESSINGHAUS in Berlin

Nikolaikirchplatz. 7, 10178 Berlin

(Nikolaiviertel, Nähe S-Bf. Alexanderplatz)

Öffnungszeiten

Di – Fr   11.00 – 17.00 Uhr

Wir bieten Ihnen Bücher, DVDs und CDs
zu den folgenden Themen an:
Osteuropa, Berlin und
Deutsche Aufklärung des 18. Jahrhunderts,
sowie geisteswissenschaftliche Fachliteratur.

www.lessinghaus.eu
www.anthea-verlagsgruppe.de